中国旅游发展年度报告书系
Annual Development Report of China's Tourism

中国旅游集团发展报告2018

——社会责任：文旅融合时代的担当与作为

ANNUAL REPORT OF CHINA TOURISM GROUPS DEVELOPMENT
2018

中国旅游研究院

北京 · 旅游教育出版社

《中国旅游集团发展报告2018》
编委会

《中国旅游集团发展报告2018》
编写组

主　　编：戴　斌

编辑部成员：

李仲广　杨宏浩　吴丽云　李隆辉　吕　臣　侯晓丽　何琼峰

张燕雪　何　珊　张　杨　战冬梅　李　秀　赵一静　柴　焰

目 录

CONTENTS

第二篇　旅游集团发展论坛专文

第三篇　旅游集团发展论坛实录

促进文化和旅游融合发展

文化和旅游部党组书记、部长　雒树刚

12月10日，文化和旅游部部长雒树刚在京出席“2018旅游集团发展论坛”，就新时期如何促进文化和旅游融合发展发表主题演讲。

十年来，中国旅游研究院积极践行习近平总书记“把论文写在祖国的大地上”的重要讲话精神，坚持走“理论来源实践，实践检验理论”的有中国特色旅游智库建设道路，在服务政府决策和促进旅游产业发展方面取得了丰硕成果。十年来，中国旅游研究院、中国旅游协会和各位企业家共同努力，把论坛办成了全系统和全行业关注的年度盛会，对推动旅游业发展具有重要的导向意义和积极的促进作用。本届论坛以“社会责任：文旅融合时代的担当与作为”为主题，相信也会取得丰硕成果。

一、坚持产业报国的理想，始终与国家旅游发展战略相向而行

习近平总书记高度重视旅游业发展，对旅游业发展作出了一系列重要指示和重要论述。习近平总书记指出，旅游是不同国家、不同文化交流互鉴的重要渠道，是发展经济、增进就业的有效手段，也是提高人民生活水平的重要产业，旅游是人民生活水平提高的一个重要指标。总书记强调，旅游集物质消费与精神享受于一体，旅游与文化密不可分。旅游是修身养性之道，中华民族自古就把旅游和读书结合在一起，崇尚“读万卷书，行万里路”。旅游业发展与精神文明建设密切相关，相辅相成、互相促进。总书记的重要论述对于我们理解旅游业、做好旅游工作、推进文化和旅游融合发展具有十分重要的指导意义。当前，旅游已成为新时期人民群众美好生活和精神文化需求的重要内容。旅游是综合性产业，是

拉动经济发展的重要动力，也为整个经济结构调整注入活力。旅游是促进社会和谐的重要领域，是文化建设的重要载体，是文化交流的重要纽带。旅游是生态文明建设的积极倡导者和坚定实践者。随着旅游业的发展，“绿水青山就是金山银山”“冰天雪地也是金山银山”取得了有目共睹的成就。旅游业在扶贫、就业等领域发挥了重要作用。通过农家乐、民宿、景区、历史文化街区、美丽乡村建设、在线旅游平台建设与发展，旅游业有效带动了乡村振兴和城市发展。

经过改革开放以来四十年的发展，中国已经从旅游资源大国发展为旅游大国，在经济社会发展体系中发挥了越来越重要的作用。2017 年，共接待入境旅游者 1.39 亿人次，国内旅游者 50 亿人次，全国旅游总收入 5.4 万亿元。全国旅游直接就业 2825 万人，旅游直接和间接就业 8000 万人，对社会就业综合贡献达 10.28%。在此进程中，以旅游集团为代表的市场主体扮演了关键角色，发挥了不可替代的作用。

习近平总书记高度重视不同所有制企业在国民经济和社会发展中的作用，不久前在东北和广东考察时指出：“改革开放以来，党中央始终关心支持爱护民营企业。我们毫不动摇地发展公有经济，毫不动摇地鼓励、支持、引导、保护民营经济。”近年来，党中央、国务院出台了《关于深化国有企业改革的指导意见》《关于营造企业家健康成长环境弘扬优秀企业家精神更好发挥企业家作用的意见》，为进一步发挥市场主体和企业家的作用提供了坚实的制度保障。

旅游企业类型多、规模大、增长快，是旅游大国走向旅游强国的坚强支撑。截至 2017 年底，全国共有旅行社 2.79 万家，旅游景区 3 万余家，旅游集团 20 强交易总额达到 1.53 万亿元。我们相信，随着研学旅行、科技旅游、休闲旅游、养老旅游、定制旅游等新需求的兴起，旅游产业发展的空间更加广阔。随着政府在文化和旅游公共服务领域投入的加大，博物馆、公共图书馆、文化馆等文化设施免费开放水平不断提高，旅游交通设施逐渐完善，旅游产业发展环境更加优化。旅游业的创新发展，前所未有地与经济社会发展联系在一起、融合在一起。旅游企业大有可为，大有作为。

二、坚持发展为民的情怀，始终把游客满意度和品质获得感放在首位

党的十九大明确我国经济已由高速增长阶段转向高质量发展阶段。经过改

革开放四十年的发展，广大游客对旅游的追求基本上实现了从“无”到“有”的消费大众化的转变，正在实现从“有”到“优”的需求品质化跨越。文化和旅游系统围绕人民群众的旅游消费需求，着力扩大优质旅游产品供给，提升旅游服务水平，旅游综合效益和市场满意度明显提升。与此同时，伴随着大众旅游时代的到来，节假日及高峰期出行难、停车难、入园难、赏景难、如厕难等问题依然突出。强迫购物、欺诈消费、酒店和餐饮卫生不达标、服务不规范、游客不满意的现象在很多地方还不同程度地存在着。这些问题不解决，游客满意度不高，旅游业转型升级的目标就不可能实现。

广大旅游企业要贯彻习近平新时代中国特色社会主义思想，特别是关于文化和旅游融合发展的一系列重要论述，进一步融入国家战略，在新时期做出新贡献。旅游集团要率先落实好供给侧结构性改革战略部署，用好文化创意、科技创新和社会投资等新动能，进一步巩固旅游业的战略性支柱产业地位。自觉担负国家文化软实力、国际旅游竞争力提升的历史使命，讲好中国故事，展示中国形象。旅游企业要积极培育和践行社会主义核心价值观，努力把旅游行业建成精神文明的窗口和提升文化自信、传播科学知识的重要阵地。

旅游行业贯彻落实好以人民为中心的发展理念，就是要遵循“游客为本，服务至诚”的旅游业核心价值观，持续提高人民群众的文化和旅游获得感。要守法经营、诚信为本，针对已经反映出来的服务质量问题，尤其是在线旅游企业订单不实、酒店卫生屡遭诟病、“黑导游”屡禁不止、境外旅游安全问题增多等广大游客反映强烈、社会关注度高的热点问题，要拿出切实的举措，既要治标，也要治本，不断提升旅游服务品质。

三、坚持创新为要，持续提升市场主体活力和产业发展质量

广大旅游企业要以人民对美好生活的需求为导向，以文化为引领，以科技、教育和人才为支撑，在新旧动能转换的过程中，不断提升微观市场主体活力，稳步推进旅游业高质量发展。要用文化提升旅游项目和旅游产业的品质内涵，用旅游传播文明，弘扬社会主义先进文化。文化企业三十强和旅游集团二十强要多沟通，多交流，探讨并务实推进项目投资和市场经营等领域的具体合作。

广大旅游企业要用好大众旅游需求增量，进一步激活数量巨大、类型多样、丰富多彩的文化资源存量。既要传承中华优秀传统文化和革命文化，也要

面向当代、面向大众，发展和传播社会主义先进文化。旅游行业在努力满足广大人民群众文化需求的同时，还要积极创造具有国际视野和中国风格的当代文化。充分利用我国地理空间广阔、文化丰富多彩的优势，增加弹性供给，开发多样化的冰雪旅游、避暑旅游、夜间旅游、研学旅游、民俗文化旅游等新产品。

产品要研发，品牌要培育，业态要创新，都离不开科技的力量。现代旅游市场规模大、发展速度快，但是总体上看，旅游产业的现代化水平和创新能力还有待于进一步提高。要充分发挥科技、教育等在旅游业改革创新中的作用，特别是要用好大数据、人工智能、移动通信等新手段，在深度和广度两个方面推动智慧旅游向纵深发展。

四、坚持以人为本，始终把社区参与和一线员工作为企业成长的第一动力

广大旅游企业要自觉承担更多的社会责任，为全面建成小康社会做出更大贡献。当前，为打赢脱贫攻坚战，习近平总书记要求“尽锐出战”。旅游集团是行业佼佼者，在旅游扶贫工作中具有独特优势，要本着“文旅融合、扶贫扶志”的原则，着力解决深度贫困地区观念滞后、资金匮乏、人才短缺和市场开发不足等问题。在此基础上，把文明旅游、红色旅游、人才培养、应急救援、绿色低碳、公益慈善、社区参与、国际交流等社会责任工作纳入企业战略层面，引领行业发展和社会进步。

可持续旅游发展要求在保护生态环境和游客权益的基础上，进一步关注社区居民的发展权利。游客有体验和消费的权利，社区居民有生存和发展的权利。离开了社会参与和居民发展，企业的投资和经营是不可能持续发展下去的。如何通过旅游投资促进乡村振兴和城市发展，提高当地居民的就业质量和生活水准，是政府和企业共同关注的现实课题。企业要与国家战略相向而行，积极通过乡村民宿、旅游小镇、田园综合体等项目，务实有效地推进全域旅游发展。

在企业经营管理过程中，要发挥企业家、职业经理人员和专业技术人员的重要作用，更要紧紧依靠广大职工。旅游企业是由人组成的，旅游服务是人决定的。旅行社的计划调度、导游，景区和博物馆的讲解员，酒店和餐饮的服务

员、保洁员，旅游汽车驾驶员，旅游购物场所的服务员，在线旅游企业的研发工程师、产品策划师、定制旅游师和客服人员等，他们工作在最平凡的岗位上，领着普通工薪阶层的报酬，但他们是直接向游客提供服务，也是旅游服务质量的最终呈现者。如何从思想引导、情感归属、报酬提升和个人成长、事业发展等方面关心员工、依靠员工，特别是让每一位旅游从业人员都能够有职业尊严，是办好新时代旅游企业的关键要素。

五、坚持党对旅游业的领导，紧紧依靠各级党委、政府，自觉肩负文化和旅游融合发展的时代使命

组建文化和旅游部是以习近平同志为核心的党中央着眼于提高国家文化软实力和中华文化影响力，推动文化事业、文化产业和旅游业融合发展作出的重大战略决策，充分体现了党中央对文化和旅游工作的高度重视，对文化和旅游系统的关心关怀。文化和旅游部组建以来，按照中央的要求和部署，统筹推进文化事业、文化产业和旅游业融合发展，明确了“宜融则融、能融尽融；以文促旅、以旅彰文”的工作思路。在文化、旅游领域对外和对港澳台工作中，持续凸显融合发展的主题。在扩大优质旅游产品供给、提倡文明旅游和安全旅游、加强旅游市场秩序治理等方面也是紧紧围绕融合发展的主题，稳步推进旅游行业的规范建设和创新发展。

各地文化建设和旅游融合发展的积极性空前高涨，文化和旅游融合发展的路径逐渐清晰。今年前三季度，国内旅游人数38.07亿人次，国内旅游收入3.44万亿元，同比分别增长10%和12%。入出境旅游总人数2亿人次，同比增长5.8%。这说明旅游市场的基础更加稳固。国庆假期共接待国内游客7.26亿人次，同比增长9.43%，国内旅游收入5990.8亿元，同比增长9.04%，90%以上的游客参加了文化活动，37.8%的游客在文化体验项目上的停留时间为2天以上。这表明文化和旅游融合发展，开启了文化建设和旅游惠民新篇章。

当前，我们要切实把思想和行动统一到中央决策部署上来，注重围绕文化和旅游融合发展这一重要工作，以人民美好生活需要为出发点和落脚点来推进文化建设和旅游发展。要进一步加强党对旅游工作的领导，始终坚持正确的政治方向和价值导向，把党的建设融入旅游行业发展，为旅游业发展提供坚强有力的政治和组织保证。要坚守意识形态和安全生产两条底线。加大正面引

导，加强阵地管理，始终坚持把社会效益放在首位、社会效益和经济效益相统一。要加强安全旅游提示警示，落实安全生产责任制度，把安全保障作为旅游活动的一项硬性要求。经过坚持不懈的努力，不断提升公共文化效能、增强文化产业活力、优化旅游业发展环境。要制定好文化和旅游公共服务政策、公共文化事业发展规划并组织实施，指导、促进文化产业相关门类和旅游产业及新型业态发展，完善文化和旅游市场经营场所、设施、服务、产品等标准并监督实施。

文旅融合新使命，社会责任新担当

中国旅游研究院院长　戴　斌

尊敬的文化和旅游部雒树刚部长，

尊敬的中国旅游协会段强会长，

各位企业家、媒体朋友，

大家上午好！

为服务旅游集团和一线企业，由中国旅游研究院和中国旅游协会联合发起并共同举办的旅游集团年会已经走过了十年。在原国家旅游局、文化和旅游部的领导下，在业界、媒体和社会各界的大力支持下，旅游集团发展报告、二十强名单，特别是政府领导和企业家围绕科技创新、产业投资、国际化成长、美好生活与内容创造等主题所做的精彩演讲，对于形成发展共识、培育产业动能，起到了积极的促进作用。没有坚定的理论支撑，就不可能有真正的道路自信。在文化和旅游融合发展的新时代，围绕社会责任这个主题，回顾过去，引领未来，应是正当其时。

旅游集团和成千上万的市场主体，一直都是国家战略的践行者，旅游产业的创新者，也是社会责任的推动者。改革开放四十年来，旅游企业一直都与国家战略相向而行。以国旅、中旅、中青旅三大旅行社为代表的第一代旅游企业率先从“民间外交”的事业序列走向旅游市场，成为“创汇导向、入境为主、重构主体”的战略实践者。以携程、春秋、开元、海昌、如家、七天、华住、途家为代表的民营企业，在大众旅游新时代，面向国民旅游新需求，成为“社会投资、扩大消费、促进就业”有力支撑，开拓了创新发展新格局。以港中旅、华侨城、锦江、首旅、岭南、杭旅为代表的大型旅游集团更是在国际化发展、供给侧改革、全域旅游、旅游+、品质旅游等国家战略中扮演了关键角色，发挥了积极作用。没有他们“虽万千人，吾往矣”的义无反顾、奋力拓展和负重前行，旅游业就不可能有今天的市场化程度、商业创新力和社会影响力。值此隆重纪念改革开放四十周年之际，我们有必要以行政主体和消费主体的名义，郑重宣告：旅游集团为代表的各级各类企事业机构，是国家旅游发展不可或缺的市场主体，其历史贡献应当铭记，其时代价值值得彰显。

改革开放四十年来，旅游企业在践行不同时期国家战略的同时，一直用不同的方式积极承担应尽的社会责任。我们看到了万达集团在贵州援建丹寨小镇、旅游职业学院；华侨城集团在西藏林芝投资国际汽车营地项目；国旅总社在河北省康保县举办恋人花节；都是既投资又投智的旅游扶贫新举措。我们看到了锦江国际集团综合运用资本、法律和跨文化管理团队，在世界宣传国家形象；开元旅业集团探索民企运营文化场馆；富力地产和星牌集团投资中瑞酒店管理学院，实现了“以文促旅，以旅彰文”的融合发展目标。我们看到了携程旅游集团的全球旅行救援系统已经初见成效，积极推进安全和负责任的旅行。我们还看到了首旅集团倡导的“中国服务”正在成为现实；看到了岭南集团在珠江边上的岭南五号项目，在历史遗产活化和社会和谐共生领域中的成功实践；看到了黄山旅游集团在世界自然和文化遗产保护上的努力；看到了东方园林、海昌海洋公园在生态保护上的尽心尽力；看到了祥源投股在齐云山下的汽车文化；看到了凯撒旅游、华远旅游为导游等一线人员付出的关爱。以上种种，还有更多没有列举出来的企业、项目和经验，都在说明一个越来越清晰的事实：旅游企业是旅游强国战略不可或缺的关键力量，更是国家和人民可以信任，可以依赖的市场主体。

在这个隆重的时刻，我们尤其不能忘记百万导游人员，他们从高门槛、高收入、高社会地位的“三高”人群，进入旅游市场成为专业人员，再到今天风里来、雨里去，职业尊严已经低到不能再低的普通工种。还有更多的文博场馆讲解员、酒店客房清洁工、餐厅服务员、景区讲解员、车辆驾驶员、安保人员和旅游志愿者，无论时代如何发展、环境如何变化，他们自始至终奋斗在旅游服务的第一线，是真正的旅游品质之锚、中国服务之基。无论是政府、企业家，还是教育、科研和媒体各界，我们时刻都不能忘记一线员工的收入、成长和职业尊严，并给予必要的关注、呼吁和掌声。没有这些默默付出才情、昭华和努力的旅游从业者，旅游发展的国家战略和集团成长的美好愿景，就会因为缺乏底层器件的保障而成为空谈。

各位业界同仁，朋友们，

值此文化和旅游融合发展的新阶段，旅游集团肩负伟大的历史使命，也将承担更多的社会责任。

旅游集团应当，也可以是要做文化和旅游融合发展的促进者，意识形态和安全生产的守护者。雒树刚部长在主旨讲话中提出，全系统、全行业要紧紧围绕融合发展这个阶段性重点目标，贯彻落实“宜融则融，能融尽融；以文促旅，以旅彰文”的工作思路，坚守意识形态和安全生产两个底线，促进旅游与生态文明和经济社会协调发展。这意味着旅游集团面临着文化和休闲新空间，更多的旅游市场主体同时也是文化市场主体，更多的文化市场主体也是旅游市场主体。也意味着旅游集团面临更为严格的底线约束，旅游产业的促进者同时也是意识形态和安全生产的第一责任主体。在融合发展的过程中，我们有能力用好市场优势和商业能力，把承载五千年文明的优秀传统文化、传承红色基因的革命文化和社会主义核心价值观为支撑的先进文化，转化为广大游客喜闻乐见的旅游项目。在讲好中国故事的同时，持续提升旅游项目、旅游产品和旅游服务的品质感，不断增加旅游集团的竞争力。这里所说的竞争力，包括旅游集团在产业内的竞争优势，及其支撑的旅游产业在国民经济和社会发展中的话语权，也包括对国际旅游市场特别是来华入境旅游的影响力。改革开放四十年来，国家发展入境旅游的决心从未动摇。今天，中国梦正在成为入境旅游市场的新动力。旅游集团要与海外旅游、文化、宣传推广部门协调一致，积极推广美丽中国，丰富内涵、提升品质，不断提升国家、重点旅游城市、国家旅游线路、国家文化公园的知名度、美誉度和满意度，推动入境旅游市场健康稳定可持续发展。

旅游集团应当，也可以为旅游强国目标持续提供创新支撑。经过四十年的努力奋斗，我们已经完成了从旅游资源大国到旅游大国的转型，正在向旅游强国迈进。旅游大国可以利用传统的自然资源和历史文化资源，去适应现实的市场需求，可以自己发展自己的。旅游强国则意味着我们已经走进了世界旅游经济体系的中心位置，对全球旅游产业格局产生越来越大的影响，更多的企业将会利用全球资源，服务世界市场。这意味着别人更多的尊重，也意味着更多的防备，这就要求我们要学会与运通、途易、JTB、雅高、迪士尼这样的市场主体，进行商业理念、产业要素、协调创新等全方位的同场竞争。在一个全球化配置资源的市场竞争中，不可能利用资源所有权构筑市场壁垒，也不可能利用资本霸权到处收购。大力培育科技、教育、文创、法律、公关、游说等新时代旅游发展的全新动能，积极探索与国际组织、国家和地区、非政府组织、社区居民等多元主体相协调，强化法治和契约精神，共商共建共享全球化旅游发展的未来。

旅游集团应当，也可以关注国民旅游权利的实现和服务品质的提升。旅游市场主体要以美好生活为动力，打通国民休闲和大众旅游的资源界限，研发创新分层多元的旅游项目、产品和服务，平衡淡旺季的旅游供给。对于经济欠发达地区而言，固然需要旅游集团的大投资、大项目，更需要通过旅行商的渠道和平台把当地产品销售出去，还需要结合区情建设一批公共文化设施和休闲中心，让社区居民有实实在在的获得感。无论是国旅总社在康保的景区开发，还是景域旅游集团对土特产品的 IP 植入，都体现了对生态环境、社区和员工的关注。在扩大投资、供给和就业的同时，旅游产业也面临切实提升服务品质的现实压力。现在说融合，谈战略的多。这是好事，意味着企业家视野的开阔和战略领导力的提升，但是我们时刻都不能忘记，广大游客满意不满意，社区居民认可不认可，才是旅游集团能发展多快，甚至能不能生存的根本之所在。现在不少大集团成立了研究院和研发中心，投入了宝贵的人力、物力和财力资源，建议不要急着当智库、接天线，而是面向市场，扎扎实实地研发游客所需要的项目和服务，重点解决服务品质和管理水平系统提升的体制机制问题。外面的世界越是喧嚣，旅游集团越是要冷静、理性和定力，集中精力办好自己的事情。不必为一时一事的进退得失而欣喜或者焦虑，只要做的是阳光下的生意，广大游客跟着我们，人民拥护我们，与国家旅游战略相向而行的道路就会越走越宽阔。

各位领导，同志们，

今天莅临会议还有旅游行政主管部门、地方政府、宣传部门、行业协会的领导和各大媒体的同志们，现场聆听了业界领袖的声音，看见了成千上万的旅游市场主体践行国家战略和社会责任。衷心期待大家为了旅游集团的做强做优，为市场主体的创新发展营造更为有利的发展环境。

希望出台促进导向和鼓励创新的产业政策，实施规范为主和兼容试错的微观监管机制。今天，消费主体走在了市场主体的前面，市场主体走到了行政主体的前面。“（企业）法无禁止即可为，（政府）法无授权不可为”，是社会主义法治建设的自然要求。在此背景下，如何在保障国民旅游权利，提升国民旅游福祉的同时，培育充满生机和活力的旅游市场主体，兼顾效率与公平，从而建立依法兴旅、依法治旅新体系，是各级政府特别是旅游行政主管部门必须要回答的现实的课题。

希望营造客观、公正、包容、积极向上的舆论环境，最大限度地促进旅游集团持续发展和企业家健康成长。创新不易，创业更难，承载国家战略和践行社会责任的旅游企业更难。在诗与远方的日子，每每看到业界同行负重前行的样子，我总是因为你们把聚光灯下的机会让给自己而深深地不安，总是想为你们多做一些，再多做一些事情。颁发“旅游思想者”、发布“旅游集团20强”名单、公开站台发声、报送内部参阅材料，等等，甚至为此蒙受误解和攻击也无怨无悔。我知道自己才情有限，能力有限，甚至作用也有限，却没有理由不为你们冲刺和登顶送上鲜花和掌声，没有理由不为你们一时的失意和困境鼓劲加油，没有理由不为你们“事了拂衣去，不留功与名”而致敬和祝福。为新时代旅游产业带来更多的大光明和正能量，永远做阳光下的同行者，应当也可以是社会各界，特别传媒界的身体力行的共识。

希望面向市场和产业需要，推进当代旅游理论创新、学术研究、科技研发和人才培养。很多时候，我们写文章，是为了更多的同行引用率；我们做研究，是为了让自己获得更多的社会声誉；我们办学，是为了让学校更有名，而不是让学生成为世界公民和合格和旅游从业者。这种情况再也不能继续下去了！面对生养和哺育我们的这块土地，我们要像熟悉掌心纹路那样熟悉本土旅游集团的历史和现状，要像爱护自己的眼睛那样爱护我们的企业家和创业者，所有的才情和努力都应当为了与业者同呼吸、共命运、心连心。

最后，请允许我代表中国旅游研究院和中国旅游协会，发布2018旅游集团二十强名单（部分企业营业额相同，并列入围。排名不分先后，参照入围企业所在地唱名），他们是：中国旅游集团、华侨城集团、首都旅游集团、美团点评集团、北京东方园林集团、众信旅游集团、凯撒旅游集团、大连海昌集团、锦江国际集团、携程旅游集团、景域旅游集团、春秋旅游集团、华住集团、同程旅游集团、浙江旅游集团、杭州商旅集团、开元旅业集团、祥源控股集团、安徽旅游集团、黄山旅游集团、福建旅游集团、山东银座旅游集团、湖北文旅集团、岭南国际集团、腾邦集团。在历年调研过程中，课题组得到了金陵饭店集团等60家样本企业的大力支持和积极配合，此致衷心感谢！

致敬，文化和旅游融合发展新时代！

致敬，国家旅业第一方阵！

第一篇

2018 年中国旅游集团发展报告

党的十九大报告提出“中国特色社会主义进入了新时代，这是我国发展新的历史方位”，同时，报告也指出“我国社会主要矛盾已经转化为人民日益增长的美好生活需要和不平衡不充分的发展之间的矛盾。”社会发展阶段和社会主要矛盾的变化，对广大企业履行社会责任也提出了新的要求。近年来，个别企业为单纯追求经济利益而忽略了公众利益和企业社会责任的事件时有发生，从“毒火腿”“三鹿奶粉”再到“e租宝”“不合格疫苗”事件，不仅造成了严重的负面影响，危害到国民大众的利益和健康，也将企业发展推向绝境。在新的历史时期，企业与社会大众、与国家发展的关系越来越密切。“利润最大化”不再是企业发展的单一导向，企业发展应在国家战略的指导之下，将经济利益、社会效益相结合，兼顾企业、利益相关者、社会民众、国家的共同利益，积极承担起企业的社会责任，唯其如此，企业才能健康、持续地发展。正如习近平总书记所强调的“一个企业既有经济责任、法律责任，也有社会责任、道德责任。企业做得越大，社会责任、道德责任就越大，公众对企业这方面的要求也就越高。”“只有富有爱心的财富才是真正有意义的财富，只有积极承担社会责任的企业才是最有竞争力和生命力的企业。”

就旅游企业而言，大众旅游新时代所倡导的企业社会责任，是在习近平新时代中国特色社会主义思想的指引下，重点解决人民对美好生活的需要和旅游发展不平衡不充分的矛盾，自觉响应党和国家的号召，主动服务于国家战略和人民需求，积极承担企业社会责任。习近平总书记在全国政协十二届四次会议民建、工商联界委员联组会上提出：“要注重对年轻一代非公有制经济人士的教育培养，引导他们继承发扬老一代企业家的创业精神和听党话、跟党走的光荣传统。广大民营企业要积极投身光彩事业和公益慈善事业，致富思源，义利兼顾，自觉履行社会责任。”旅游企业不仅是社会财富的创造者，国民大众旅行产品的提供者，更应是能听党话，跟党走，与国家战略保持高度一致，始终牢记社会责任和使命的企业。

当前，文旅融合日渐深入，在这个融合发展的新时期，无论是人民群众对美好生活的向往，还是旅游市场主体的投资驱动，与国家所倡导的文化旅游融合发展的大方向都是相吻合的，这是旅游企业最大的机遇，也是面临的最好的时代。在这样一个时代，旅游企业也应在利用好国家文化和旅游发展政策和发展机遇的同时，主动承担起企业对社会、经济、生态环境以及产业发展的责任，为旅游产业的健康持续发展和旅游强国的实现提供支撑。

第一章　旅游企业一直都是社会责任的实践者和先行者

中国旅游产业几十年发展的突出经验，就是在旅游发展中，充分发挥了市场主体的作用，支持并鼓励市场主体不断做大做强。中国旅游企业在成长中，也始终将国家利益、社会责任和市场需求放在重要位置，积极践行企业责任，主动服务民众的旅行福祉，持续推动旅游产业发展壮大。

一、履行社会责任一直是旅游企业的优良传统

旅游集团和成千上万的市场主体，一直都是国家战略的践行者，也是社会责任的推动者。中国的旅游企业发展之初，就将家国情怀与企业发展的社会责任紧密联系在一起。履行企业社会责任，一直是中国旅游企业和企业家的优良传统。

1. 中国旅行社与陈光甫：扬民族气节，服务国家抗战和社会大众旅行需求

中国最早的旅行社——中国旅行社，在成立之时就将企业发展与服务社会紧密联系在一起。中国旅行社成立之前，中国的旅游市场被外国旅行服务代理机构所垄断，中国人购买旅行产品经常受到歧视。为打破外国人对旅行服务市场的垄断，服务国人的旅行需求，1923 年，上海商业储蓄银行旅行部正式成立，并从代售国内外火车、轮船票，预订舱位，代办出国手续，运输行李，发兑旅行支票等等小事做起，树立“为社会服务”的企业理念。旅行部设立之初，因业务量小，无法盈利，银行内部很多人反对，但创立者陈光甫以“人争近利，我图远功，人嫌细微，我宁烦琐”的理念，一直坚持运营，并以满足社会大众的旅行需求为根本，逐渐扭亏为盈。1927 年，旅行部正式改名为中国旅行社。中国旅行社确立了“发扬国光，服务旅行，阐扬名胜，改进食宿，致力货运，推进文化”的二十四字方针，以服务社会，服务国人的旅行需求，普及中国的

名胜古迹，推广中国文化作为重要目的，将商业与企业社会责任完美融合。

抗日战争爆发后，中国旅行社及时调整发展思路，将企业命运与国家命运紧密结合，积极服务战时交通建设，将经营的重点转为食宿服务及货运服务，竭尽全力服务社会。陈光甫提出“必须研究战时交通途径，及安全运输方法”，努力疏通货运，使集中于战区的货物得以向内地流通，“一方面可以避免意外损失，一方面亦得推动工商业，巩固后方的经济基础”。

抗战期间，中国旅行社延续了抗战时期的客运业务，为避难的民众预售船票，办理行李联运等服务。同时，拓展了货运业务。接受铁路局及社会各界委托，承办货物运输。随着很多地区相继沦陷，中国旅行社均以最大服务为前提，至万分紧急、货物运输业务无法开展之时才被迫停业撤退。在当地沦陷之后，中国旅行社的财产不是被敌伪所霸占，即遭洗劫焚毁，损失极为惨重。同时，中国旅行社与运输部门达成协议，代为运营公路沿线招待所和食堂，主动服务于抗战时期的物资运送和人员旅居服务，苏联援华物资从新疆到甘肃、陕西、四川，接运人员的沿途食宿均由中国旅行社负责管理。尽管抗战时期条件艰难，中国旅行社的招待所和食堂，还是竭力为旅客提供“宾至如归”的便利，减少他们在旅途中的痛苦。冰心先生曾著文称赞中国旅行社的乌江招待所，虽然设备较别的招待所简陋，没有棕床，没有蚊帐，可是整齐清洁，负责人对待客人和蔼、诚恳，茶房招待周到、有礼貌。所以，招待所在陌生的他乡路上给冰心先生留下了很好的印象，以至于“一提到‘招待所’三个字，便像回到家了一般快活”。服务社会是中国旅行社的核心要义，为国家抗战大计，为企业生存发展，中国旅行社在与国家共命运，同患难的历史时期，积极以企业之力，服务于国家和社会大众，在与民便利、支持抗战的同时，中国旅行社也获得了生存与发展的空间。

2. 锦江饭店与董竹君：捐私人资产，服务革命，为妇女发声

1935 年，董竹君女士在上海创办了锦江川菜馆，1936 年，创办了锦江茶室。董竹君创办锦江川菜馆，一方面是为了将川菜发扬光大，“使川菜打进上海市场，独树一帜，驰名中外”，同时，也期待“逐步向国外发展，开设分店，能在远涉重洋的轮船上开设水上川菜馆，每个码头停卖两周，使其名声远扬。同时，让世界各个角落的人们，看看中国人是否如帝国主义所污蔑的无文化的国家。”基于爱国和文化情怀，董竹君办“锦江”不仅是纯商业性为赚钱，而且是想把它当成文化事业来经营。同时，也把锦江的运营作为展示妇女运营管理能

力，改变社会对妇女认知的窗口。当时社会上很多人认为“妇女在任何方面的能力总比男子差得多，管理企业更不如男子，尤其是东方女子更不在话下。我（董竹君）对这种论调很反感，但亦鼓励自己绝不灰心，一定要办好锦江，为我们妇女争口气。锦江开张红、继续红的情况，证明了董竹君的理念。后来，锦江地位巩固，社会舆论改变了，承认妇女是有才能、有智慧，能办事业、企业的。在身体力行证实女性才干的同时，1938 年，董竹君女士还创办了《上海妇女》杂志，刊登各地妇女的抗战事迹，代表妇女主动发声。同时资助了《妇女知识》丛书的出版，以及上海剧艺社和辣斐剧场的演出，为妇女展示个人才华、融入社会，发挥妇女在社会中的作用给予了积极支持。

随着战争局势的严峻和抗日战争的爆发，锦江川菜馆和锦江茶室成为抗战前和抗战中中国共产党员、地下党员、进步人士及左翼文化界人士联络开会的地点，也成为进步人士交流思想的沙龙所在地。锦江川菜馆和锦江茶室不仅资助了共产党人宋时轮建立游击队根据地，还为郭沫若同志提供餐食，为夏衍、潘汉年等同志提供聚会的场所，并将“暑期锦江餐厅”的盈利所得全部捐献用于抗日战争。此外，也为众多共产党人提供餐食、路费、活动经费等，将锦江变成了红色锦江。同时，锦江川菜馆和锦江茶室也因精准的定位、优质的菜品、环境和服务赢得了市场的广泛认同，成为上海市最具影响力和知名度的餐饮品牌。

1951 年，董竹君将锦江川菜馆和锦江茶室捐为国有，并将锦江川菜馆和锦江茶室迁移、改名为锦江饭店，将其打造为上海第一家为中央首长和外宾提供食宿、召开重要会议的安全场所。

无论是中国旅行社还是锦江饭店，都将企业发展与国家命运，社会大众需求紧密联结在一起，在服务社会大众，谋求企业商业上成功的同时，也主动承担社会责任，为国家发展，民族振兴积极贡献力量，将家国情怀融于企业发展中，为旅游企业妥善处理商业发展与承担社会责任，做出了榜样。

二、旅游企业发展与国家战略一直相向而行

旅游企业一直是国家政策的拥护者和国家战略的践行者，始终与国家战略保持高度一致。

新中国成立后，旅游发展主要基于“宣传中国社会主义建设成就，扩大对

外政治影响，增进中国人民同世界各国人民的相互了解和友谊”的政治导向。当时的中旅和国旅，以国家战略为导向，服务于海外侨胞和外国友人，积极宣传中国成就。1949 年，华侨服务社成立，主要负责华侨的来访接待。1954 年，中国国际旅行社总社成立，隶属于国务院的外事接待单位，主要承担外事接待任务。1964 年，中国旅行游览事业管理局（国家旅游局前身）成立后，国旅总社和管理局合署办公，两块牌子，一套人马，对外招徕使用国旅总社牌子，对内行业管理行使中国旅行游览事业管理局的职能，直到 1982 年，国旅总社和国家旅游局才分署办公和经营。建国之后，以国旅、中旅为代表的旅行社企业，积极宣传新中国的建设成就，通过旅行服务不断增进中国与世界各国人民的了解和友谊，服务于国家的外事接待工作，为增进中国与各国之间的关系做出了积极有效的贡献。

改革开放以后，中国旅游业发展开始由政治导向转向创汇导向，以国、中、青为代表的旅游企业承担了发展入境旅游，实现旅游创汇的主力军。1980 年，中国青年旅行社成立后，很快成长为旅行社市场的重要力量。1978 年到 1984 年，以国旅、中旅为代表的国有旅行社企业，承担了入境旅游接待的几乎全部任务。1978 年，全国接待来华旅游入境人数 180.9 万人次，旅游创汇 2.63 亿美元，为国家创汇做出了重要贡献。1985 年，《旅行社管理暂行条例》颁布，将我国的旅行社分为一类、二类和三类社，其中一、二类社为国际旅行社，但是只有一类社享有外联权。《旅行社管理暂行条例》的颁布，推动了旅行社企业的快速发展，1985 年，我国旅行社数量只有 450 家，到 1988 年底激增至 1573 家，其中一类社有 61 家。上海春秋、广之旅、康辉、中国妇女旅行社等一批旅行社企业纷纷成立，并成长为中国旅行社行业的中坚力量。为入境旅游需求提供服务的一批涉外旅游酒店，如锦江饭店、金陵饭店、建国饭店、广州白天鹅宾馆等一批酒店企业在服务入境游客的基础上快速成长起来。1998 年，中国入境旅游接待人数 6347 万人，国际旅游收入 126 亿美元，在旅游市场主体的有力支持之下，中国的入境旅游市场蓬勃发展起来（图 1-1、图 1-2）。

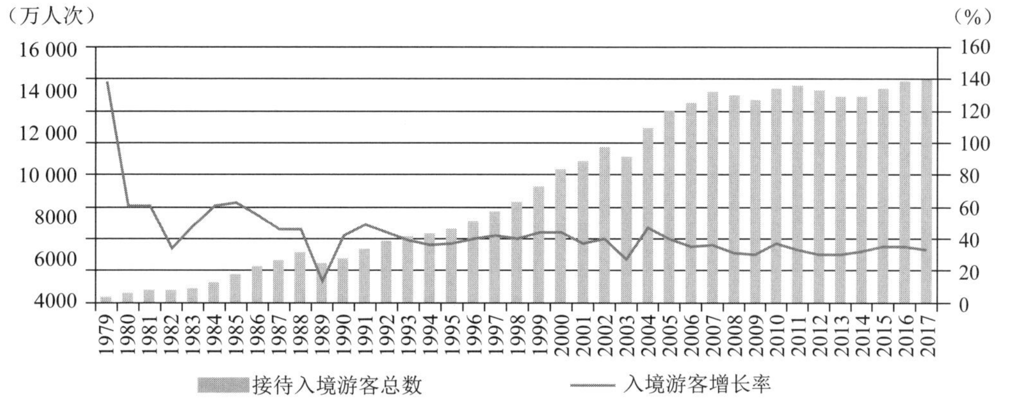

图 1–1　1978–2017 年中国入境旅游人数及增长率

数据来源：中国旅游统计年鉴

图 1–2　1978–2017 年中国国际旅游收入及增长率

1998 年以后，旅游业进入了国内旅游快速发展的新时期，这一时期，中国的旅游企业围绕国民大众旅游需求，积极进行产品、服务、业态创新，为更好地满足国民旅游需求，旅游业作为国民经济战略性支柱产业做出了重要贡献。1998 年的亚洲金融危机造成中国经济外需大幅萎缩，扩大内需特别是扩大消费需求成为国家经济发展的重要关注点。当年的中央经济工作会上，旅游业被确定为新的经济增长点。1999 年，“黄金周”制度正式推出，国内旅游消费需求因此大幅释放，国内旅游开始成为中国旅游业发展的主体。2009 年，《国务院关于加快发展旅游业的意见》出台，明确提出“把旅游业培育成国民经济的战略性支柱产业和人民群众更加满意的现代服务业”，旅游业在国民经济发展中的地位不断提升。随着国内旅游的快速发展，出境旅游需求也不断释放，服务国民大众的旅游需求成为旅游企业发展的重要任务。这一时期，服务于国民大众的旅游消费需求，出现了大量的旅行社企业和在线旅行服务企业，携程、景域、同程、途牛等一批在线旅行服务企业开始出现，为便利游客的出行做出了重要贡献。国旅、中旅、青旅、广之旅、春秋、康辉、众信、竹园、凯撒等旅行服务企业，服务于国民大众的境内外旅游需求，不断进行产品和服务的创新。住宿企业的发展也从早期的招待所、星级酒店不断泛化，日益丰富。2000 年前后，随着大众旅游消费需求的释放，锦江之星、如家、汉庭、格林豪泰、7 天、布丁等一批经济型酒店品牌开始出现，并在不到十年的时间里获得了飞速发展，很好地满足了国民大众的旅游住宿需求。2010 年以后，随着游客消费需求的变化，途家、Airbnb 等分享住宿企业，亚朵、无印良品等生活方式酒店，首旅寒舍、开元芳草地等乡村酒店纷纷出现，以更加丰富的供给，积极对接游客个性化、多元化的住宿需求。从景区层面看，满足于游客观光、游览的需求，出现了一批知名旅游景区，如黄山、泰山、故宫、兵马俑、九寨沟、漓江等。随着旅游发展由观光向休闲度假的转变，古北水镇、西溪湿地、长隆等休闲度假景区，欢乐谷、海昌海洋公园、方特主题乐园等主题公园类景区，以及宋城千古情、印象刘三姐、长恨歌等旅游演艺企业，以不同的内容，为游客的休闲、度假、娱乐提供了可资体验的产品和服务，在服务游客的同时，企业也都获得了快速的发展。

新中国成立以来，中国的旅游企业在不断发展壮大过程中，充分回应了旅游市场的需求，在壮大自己的同时，也不断提升旅游业的总体形象。以 20 强旅游集团为代表的企业，殚精竭虑，积极开发自然、人文旅游资源，开拓优质旅游市场，提供丰富的旅游供给，并将创意、科技融入到旅游企业的产品和服务研发中，为把我国从旅游资源大国转变为旅游强国，做出了应有的贡献。

三、旅游企业注重协调相关利益主体的关系

旅游企业在发展过程中，更加重视相关利益主体的关系处理，注重维护当地人、当地社区、投资人的利益，对于相关利益主体权益的重视程度也不断

提升。

旅游企业在发展中，更加关注旅游企业、旅游项目所在社区和社区居民的利益，为社区经济发展、社区文化传播、社区居民生活质量改善和个人发展提供更多机会。旅游企业在发展中，更加注重发挥对当地社区的经济发展和带动作用，积极改善当地社区的生态环境和社区环境，为当地居民提供更多的就业机会和发展机会。黄山旅游集团在发展中，主动服务于黄山的生态环境改善，每年补助周边村镇森林防火、病虫害防控等经费 200 多万元，为周边无偿提供 3000 多亩防火林带油茶幼苗。并通过对口帮扶、农产品采购、参与公益事业、建设公共设施等措施，带动周边社区发展，让周边群众共享景区发展成果。为了保护黄山的森林资源和野生黄山短尾猴资源，同时提高过渡区居民收入，1994 年，黄山风景区管委会出资与汤口镇浮溪村共同成立了黄山风景区野生猴谷管理中心，并投入资金修建道路、旅游管理中心、停车场和厕所等旅游设施，利用野生短尾猴资源，发展当地旅游。2015 年至 2017 年，野生猴谷游共接待游客 20 万人，实现门票收入 180 万，并指导扶持 20 多户村民建立了农家乐，扶持当地村民建立茶厂 1 座和家庭手工制茶作坊 10 余个，2017 年社区居民年人均收入约 2 万余元，经济收入和生活水平大大提高。旅游企业是社区文化的传播者、居民和游客文化生活的打造者，通过深度挖掘本地的文化资源，开发、打造、传播本地的文化内容，做文化的宣传使者。同时，也是居民、游客社区文化生活产品的打造者。爱彼迎（Airbnb）进入中国后，将全新旅行平台（Trips）和体验（Experiences）产品带入中国。旅行平台的推出，一方面为旅行者提供了更好地融入当地社区、深度探索和体验当地特色活动和文化的机会，另一方面，也为本地社会的文化传播和经济发展创造了机会。爱彼迎在不同城市旅行平台推出的体验活动，多根据城市特色设计相应的内容，如上海的逛弄堂、看脱口秀和当地艺术家一起漫步城市等，北京的篆刻艺术体验、骑行胡同、练习中国武术和体验织布等，成都则有夜生活体验、中草药采摘等，不同城市的社区文化体验既有着浓厚的本地色彩，也为本地社区更好地宣传当地文化和生活方式提供了机会。

四、旅游企业是生态文明的积极践行者

党的十九大报告提出“建设生态文明是中华民族永续发展的千年大计。必

须树立和践行绿水青山就是金山银山的理念，坚持节约资源和保护环境的基本国策，像对待生命一样对待生态环境，统筹山水林田湖草系统治理，实行最严格的生态环境保护制度，形成绿色发展方式和生活方式”“我们要建设的现代化是人与自然和谐共生的现代化，既要创造更多物质财富和精神财富以满足人民日益增长的美好生活需要，也要提供更多优质生态产品以满足人民日益增长的优美生态环境需要”。旅游企业是生态文明的积极践行者，也是绿色发展和环境保护理念的执行者，在旅游资源开发、旅游产品生产和旅游企业的运营管理中，都很好地践行了生态文明的理念。

旅游企业在发展中，通过推进资源节约和循环利用措施，降低能耗、物耗，实现绿色生产和运营。华侨城集团在运营管理中很好地践行了绿色发展的理念，一方面在旗下景区、酒店推进节能降耗工作。在各地欢乐谷景区推动换用节能灯具、改造更新水泵、使用可循环材料、严防“跑冒滴漏”等活动，酒店按照LED（中文全称“能源与环境设计先锋奖”）标准建设的酒店和公寓可以有效地节约能耗，使企业在节能减排方面取得了良好成效。2017 年，欢乐谷事业部能源消费总量为 1.096 万吨标煤，较上年同期减少了 6.39%，酒店全年用电量同比大幅减少，节约费用共计人民币 60 万余元。另一方面，在华侨城各酒店中推行“地球一小时”环保活动，并在不影响服务质量的前提下，减少使用一次性日用品。酒店推出了“光盘行动”，并将酒店运营过程中产生的废旧物品进行专门回收处理。

金陵饭店集团将生态文明融入“绿色经营”，大力开展以“拥抱绿色生命，热爱金陵家园”为主题的绿色环保活动，倡导“绿色”的消费观、生活观、环境价值观，引领行业绿色消费、节俭用餐和环境保护。中国旅游集团、金陵饭店集团都通过“熄灯”的方式，向宾客传达“低碳、健康”的生活理念，并通过电子点单系统、电子合同等形式，减少资源消耗，努力建设资源节约型企业。

旅游企业在发展中，将环境保护、生物保护的理念贯穿到企业的产品开发、项目运营等过程中，实现人与自然、企业与环境的和谐共处。黄山旅游集团一直重视黄山生物多样性保护与可持续利用，建立了生物多样性保护研究基地合作项目和大型真菌固定观测样地，开展生物多样性和真菌的保护与科学研究工作。华山风景区在太华索道建设后，通过植树造林，在瓮峪旅游公路沿线栽植绿化植被，为植被地带覆土、浇灌，安排专业养护人员定期开展植被养护工作，共栽种绿化苗木 10 万余棵，绿化栽植面积近 3 万平方米，在美化绿化景区的同时，也减少了水土流失可能带来的自然灾害。

设立公益环保基金，将环境保护与企业发展紧密关联，积极主动地承担起企业对生态环境、自然资源保护和生态修复的社会责任。上海春秋集团、深圳华侨城集团等都设立了环保基金，主动服务于地方的环境保护、生态修护，积极践行生态文明的发展理念，为社会提供优美的生态环境。河北康保县沙漠化土地面积超过土地总面积的 60%，是浑善达克风沙入侵北京、天津的主要通道。2014 年，上海春秋集团和 24 位股东捐资 2000 余万元在中国绿色碳汇基金会设立“为地球母亲专项基金”，并设立上海市长宁为地球母亲生态保护社，开启了为期 30 年的康保生态修复项目。近四年来，已经成功修复退化土地面积 4011 亩，栽植乔灌苗木 28 万余株，平均成活率达 90%，为周边 6 万余群众提供了良好的生产生活环境，创造了 4 万多个工日的临时就业机会，项目区 2 个乡镇村 221 名农民参与造林、除草、施肥、抚育等项目工作，人均获得劳务收入 1.5 万元。基于生态修复的良好效果，被评为“创建了我国坝上干旱风沙区生态造林的国际一流示范区”，为其他地方的风沙生态修护提供了成功经验。深圳华侨城集团 2012 年成立华会所生态环保基金会，用于资助和开展有益于湿地生态建设与环境保护的公益性项目，支持促进生态建设与环境保护事业发展的科学研究，联合传媒平台对学生及公众开展生态教育课程或公众参与性的专题活动，建立环保人奖励计划，并以自投资金与社会捐助资金相结合的形式开展生态环境保护工作。2018 年，锦江集团捐赠 2000 万元成立锦江公益基金，以“助力全世界可持续发展，推动全球生态文明建设”为宗旨，将积极探索“公益 + 产业”的创新发展机制，主动回馈社会发展。

五、旅游企业高度关注员工权益

旅游企业多为直接对客接待的企业，员工的对客服务态度是游客感知服务品质并评判是否满意的重要方式。游客能否收获优质的旅游体验，与旅游企业员工能否发自内心地为旅者提供优质服务息息相关，而员工的职业尊严则是他们对客服务时提供优质服务的前提。员工的职业尊严来自服务者能够通过自己的努力付出获得财务自由，过上体面的小康生活。

旅游企业在发展中，一直注重对员工尤其是一线员工权益的关注。通过制度设计、竞赛、荣誉奖励、日常关怀等多种形式，不断提升一线员工的职业自豪感和职业尊严，激发他们内在的工作动力。旅游企业对导游、酒店服务员的重视程度不断提高，一线员工的职业自豪感和获得感也因全社会的重视而不断提升。华远国旅将一线员工放在企业发展的重要位置，重视提升领队和导游的职业尊严感和自豪感，公司组织优秀领队导游根据自身经验撰写的带团经历和感受，撰成《服务的力量》一书，将他们的工作经验转变为优秀的业内先进经验进行推广和传播，提升了领导和导游对于自我工作价值的认知。同时，领队导游也是华远旅游产品的重要组成，企业的线上销售系统也会对领队导游进行推广和展示，将优质服务的提供者作为旅游线路产品的重要组成，重视“人”在产品众的作用。华远国旅集团总裁何勇说：“让领队和导游意识到，他们与我们整个公司的发展是绑在一起的，做得好的话确实他能够有更好的回报和收益。”2018 年，华远国旅集团组织了首届“翔龙杯”导游风采大赛，湖北省文化旅游投资集团举办了首届“鄂旅投杯”导游大赛，通过竞赛的形式，展示导游人员风采，充分肯定他们的服务价值，并借助媒体宣传，积极传播导游人员的正能量。首旅集团曾为在首旅工作 30 年以上，仍工作在一线的普通职工授予“首旅荣誉职工”称号，对他们服务一线、甘于平凡、执着做事的职业精神给予肯定和激励。锦江集团已连续举办五届“锦江杯”职业技能大赛，为厨师、客房服务员、餐厅服务员等一线员工提供展示个人技能、树立职业自信的平台，充分激发员工潜能，激昂他们的主人公精神和职业自豪感。

设立专项基金，为旅游从业人员的可持续发展提供保障。2016 年，同程旅游出资 500 万元设立“全国导游救助基金”，为因公伤亡、身处困境的导游领队及其家属提供帮助，通过救助金、教育资助等多种形式为做出突出贡献又身处困境的导游群体及其家人提供帮助。2017 年，携程出资 100 万元设立我国旅游行业首个“好导游奖励基金”，在全行业积极倡导“服务好的导游才是好导游”的理念，对优秀的导游进行奖励，激励他们继续提供优质旅游服务。旅游企业借助基金形式，也让更多的导游意识到自己的职业价值，感受到来自企业的关心和社会的关注及支持，增强了他们的职业自豪感。

加强人才培养，为员工科学规划发展路径，充分激发员工潜能。金陵饭店集团在人才管理工作中，构建了人才创新孵化平台，并实施了“金陵优才养成计划”，推进员工的职业发展规划，加强人才梯队建设和招才引智工作，组织高中层管理人才培训班、创新经营研讨班、轮岗交叉培训，形成了充满活力的人文环境与成长机制。金陵饭店集团开创的“产业与教学跨国合作模式”为员工提供了国内实践与国际学习相结合的发展路径，为员工的个人成长提供了良好的发展环境。通过实施金陵优才养成计划，开办“金陵班”，开发 E-Learning 在线业务培训，建立专业技能培养成长机制，通过“师徒制”构建“金陵能手、金陵工匠”专业人才体系，将工匠精神、职业尊严、工作自信相结合，不断提升员工发展的自我认同。

中国的旅游企业在发展中，把企业社会责任的国际视野与中国国情、社情相结合，不断创新开拓，积极探索企业发展与社会责任，走出了有中国特色、符合中国旅游产业发展规律的中国特色道路。

第二章　文旅融合时代对企业社会责任的新要求

中国特色社会主义进入新时代以后，社会主要矛盾已经转化为人民日益增长的美好生活需要和发展不平衡不充分之间的矛盾。在文化和旅游融合发展的新时期，旅游企业的社会责任也有了新的要求。

一、以人民为中心，适应中国特色社会主义新时代主要矛盾变化的要求

党的十九大报告提出“中国特色社会主义进入新时代，我国社会主要矛盾已经转化为人民日益增长的美好生活需要和不平衡不充分的发展之间的矛盾”。新的历史时代，对于旅游企业社会责任的履行也提出了新的要求：要以人民群众的旅行需求为中心，满足人民群众对美好旅游生活的向往，实现旅游产品和服务从“有没有”到“好不好”的转变，不断提升旅游产品和服务品质，丰富旅游供给；要以服务大众，回馈自然和社会为根本，将社会责任内化为企业的行为准则；要以融合发展为中心，牢牢把握意识形态，生产安全和生态文明的底线。

经过几十年的发展，我国的旅游企业在履行社会责任方面已经进行了主动且卓有成效的实践，但和满足人民群众对美好旅游生活的需求相比，仍有有待提升的方面；企业一线员工的职业尊严还没有得到充分的尊重；相关利益主体的利益，尤其是社区居民的利益仍然是旅游企业在旅游产品、项目开发中需要重点关注并予以解决的问题；旅游业务开拓和项目建设中，对于生态保护、对于降低对自然的负面影响等工作，还需要进一步提升；企业社会责任的履行，还没有内化为全部旅游企业的自觉行为。对于旅游企业群体而言，未来社会责任的履行仍任重而道远。

1. 要以人民为中心，不断提高游客的出游满意度

游客的出游满意度，是游客对旅游全过程产品、服务质量和目的地旅行生活的总体反馈，涉及旅游活动中旅游关联企业和旅游目的地城市建设、卫生环保、公共服务等众多部门。游客满不满意，是新时代下人民美好旅游生活需求是否得到有效满足的测试器，也是旅游企业社会责任履行完成度的检验器。游客不满意，在出游过程中的旅游消费需求并未得到有效满足，也是旅游企业需要针对性提升的重要内容。中国旅游研究院、文化和旅游部数据中心旅游服务质量调查报告显示，2017 年全国旅游服务质量稳中有升，前三季度综合评价指数为 75.57，处于“基本满意”水平，对于交通、娱乐、景点等行业的满意度评价相对不高，旅行社、旅游住宿和餐饮行业同比略有提升，说明当前的旅游供给质量仍不能很好地满足游客的消费需求，从供给旅游产品和服务到供给优质旅游产品和服务，还有一定的距离。现在游客越来越关注城市发展、城市建设、城市管理、公共服务等总体环境和目的地生活方式的体验，网络上的相关评论日趋增多。游客对异地生活的本地化体验有更高的期待，包括本地居民日常生活所需的地铁、火车、公交等公共设施和社会治安等公共服务，以及老胡同、酒吧街、大戏楼、商业圈、小吃街、文化区等贴近民众日常生活消费的服务场所，都需要在新时代给予更大的重视。旅游企业要关注游客体验差、不满意的方面，不断提高旅游产品和服务品质，丰富旅游供给内容，以优质的产品和服务内容，不断提高游客的出游满意度。

2. 要将履行社会责任主动内化为企业的道德要求和发展约束，提高企业履行社会责任的自觉性

企业在发展中，除了谋求商业上的成功，也要接受社会对企业道德的约束和监督，企业越大，越成功，其行为对社会的影响力就越大，有违道德的企业行为对整个社会造成的负面影响就越显著。习近平总书记说：“一个企业既有经济责任、法律责任，也有社会责任、道德责任。企业做得越大，社会责任、道德责任就越大，公众对企业这方面的要求也就越高。”企业道德责任是企业在生产经营及其他活动中所应该承担的对员工、客户、社会和环境保护等的社会责任和义务。企业道德责任的履行，既包含了企业内部对员工履行的基本社会责任，如为员工提供的工作环境和薪酬、人性化管理、购买的社会保险、缴纳的各种社会保障金等，也包括了对外部消费者、社会和环境保护所应承担的道德责任。企业发展的道德要求，一是法律法规对企业道德责任的规定和要求，这

是企业道德要求的底线。如《公司法》第五条规定“公司从事经营活动，必须遵守法律、行政法规，遵守社会公德、商业道德、诚实守信，接受政府和社会公众的监督，承担社会责任”，将公司的道德责任纳入法律的范畴，但由于缺乏配套的制度规定和适用的具体条文，同时未明确公司不承担的法律后果，因而可操作性不强。《环境保护法》第六条“企业事业单位和其他生产经营者应当防止、减少环境污染和生态破坏，对所造成的损害依法承担责任。”第四十条“企业应当优先使用清洁能源、采用资源利用率高、污染物排放量少的工艺、设备以及废弃物综合利用技术和污染物无害化处理技术，减少污染物的产生。”对企业排污、环境保护等均有明确规定，同时也有清晰的违法惩罚措施。上述法律法规对企业履行道德责任有了一定的要求。

企业发展的道德要求，其二是现有法律法规未明确规定的、企业对于消费者、社会和环保的一种自律要求。这种自律要求往往因企业家和企业文化的差异而有很大的不同。有的企业以获取经济利润为唯一目标，在发展中不惜假冒仿制、欺诈行骗、破坏资源和环境等，不仅给消费者带来损失，给社会带来灾难，也剥夺了后代人可持续发展的权利。当前，企业发展的道德要求主要在于企业的自我行为要求，优质企业发展中会有明确的道德底线，有服务社会的道德追求，有所为，有所不为。

国内外优质企业都以主动承担社会责任为企业发展的道德要求和指导思想。韩国三星公司提出：“我们将承担一个优秀企业公民所应承担的全部责任，追求与我们的社区、国家以及人类社会共同繁荣。”美国通用电气首席执行官伊梅尔特曾说：“现在到了利用我们的平台成为好公民的时候了，因为这不仅是应该做的事情，还是企业必须做的。”阿里巴巴集团创始人马云在 2018 年中国绿公司年会上提到：“新时代的企业家光会赚钱肯定是不够的；必须担当起对这个国家、这个时代的责任，必须要有家国情怀。”“社会尊重我们，不是因为我们会赚钱，而是因为我们会花钱，会用钱，我们懂得如何用钱去改变和影响世界，用钱去完善社会、完善社区、完善未来。”微软公司将“予力全球每一人、每一组织，成就不凡”作为企业的核心使命，微软的发展是为了帮助其他人做事、做成事。这一理念与马云之前提及的企业生态圈理念不谋而合，“以前大企业发展，目的是获得更多的利润，获得更多的资源；未来大企业如果想做得更好，就必须担当社会责任，必须为无数人创业建造基础设施，提供资源。”“未来大企业的责任是建造一个适宜的生态环境，并帮助这个生态圈里的其他企业活得更好，只有这个生态环境越好，大企业才会活得越好。”开元旅业集团创始人陈妙林在谈及企业社会责任时提道：“企业经营好有很多方法，法律上要遵纪守法，道德上要讲诚信、献爱心”。春秋集团创始人王正华提及践行企业社会责任时说：“第一是要给员工更好的生活；第二是企业不能偷税漏税；第三是关注弱势群体并给予他们帮助。”企业发展的道德要求，是公众对企业的预期，也是企业发展中需要时刻关注、坚守的内容。

企业若失去自我道德要求，唯利是图，利润至上，在给社会和公众带来损失的同时，企业的声誉、形象、品牌以及可持续发展能力也会同时消失殆尽。无论是金华毒火腿事件、三鹿奶粉事件，还是北京青扬五洲旅行社的携款消失，在触犯国家法律和公众根本利益的同时，也将企业道德抛之脑后，最终带来的是企业发展倒退甚至企业倒闭。百度的竞价广告模式，使得冒牌企业时常在搜索首页出现，致使消费者因使用搜索链接企业而上当受骗，2016年的魏则西事件后，百度的股价曾大幅下跌，也是公众对企业道德行为的直接反应。

企业社会责任也是新时代市场消费变化的客观要求。当前，消费者对“道德”层面的消费要求越来越高，消费时更善于从企业形象、环保产品、资源保护、动物保护等维度去思考，如购买可再生资源的产品，节能环保型产品，可回收或重复利用的产品等等。游客对于道德的消费意识也正在提升，如反对野生动物娱乐、大象骑行等动物保护意识，住宿时选择绿色饭店、不过度装修酒店等环保需求等，正成为年轻一代的消费指向。

二、服务国民旅游权利，引领中国服务的要求

党的十九大报告提出，“必须坚持和完善我国社会主义基本经济制度和分配制度，毫不动摇巩固和发展公有制经济，毫不动摇鼓励、支持、引导非公有制经济发展，使市场在资源配置中起决定性作用”，明确了国有和民营经济在国民经济发展中的重要地位不会动摇。无论是国有企业，还是民营企业，他们的发展与国家命运和经济发展息息相关。习近平总书记在网络安全和信息化工作座谈会上强调：“让企业持续健康发展，既是企业家奋斗的目标，也是国家发展的需要。企业命运与国家发展息息相关。脱离了国家支持、脱离了群众支持，脱离了为国家服务、为人民服务，企业难以做强做大。”企业作为市场经济主体，既是通过商业创新发展促进国民经济发展和社会稳定的基础，也是社会公共利

益、社会责任的践行者。党的十八届三中全会强调，“国有企业属于全民所有，是推进国家现代化、保障人民共同利益的重要力量。国有企业总体上已经同市场经济相融合，必须适应市场化、国际化新形势，以规范经营决策、资产保值增值、公平参与竞争、提高企业效率、增强企业活力、承担社会责任为重点，进一步深化国有企业改革。”将承担社会责任作为对企业尤其是国有企业的基本要求。十八届四中全会又明确提出“加强企业社会责任立法”，企业履行社会责任已成为国家战略和律法的要求。

积极响应国家号召，主动履行社会责任，做国民旅游的有效供给者。国有企业属于全民所有，是推进国家现代化、保障人民共同利益的重要力量，是我们党和国家事业发展的重要物质基础和政治基础。党的十九大报告提出，“中国特色社会主义进入新时代，我国社会主要矛盾已经转化为人民日益增长的美好生活需要和不平衡不充分的发展之间的矛盾。”要解决这一主要矛盾，离不开市场主体的努力，更需要国有企业的积极参与。2015 年，中共中央国务院《关于深化国有企业改革的指导意见》明确提出，“社会主义市场经济条件下的国有企业，要成为自觉履行社会责任的表率。”“国有资本配置效率显著提高，国有经济布局结构不断优化、主导作用有效发挥，国有企业在提升自主创新能力、保护资源环境、加快转型升级、履行社会责任中的引领和表率作用充分发挥。”对国有企业履行社会责任提出了明确要求，也寄予了高度期望。

民营企业是社会经济的重要组成部分，在进行商业模式创新，推动企业发展的同时，也需要有大局观，将国家利益和国民大众需求放在利益前面，不赚不该赚之钱。习近平总书记在 2018 年 11 月的民营企业座谈会上的讲话中充分肯定了民营经济在国民经济中的重要作用，他提出：“民营经济是社会主义市场经济发展的重要成果，是推动社会主义市场经济发展的重要力量，是推进供给侧结构性改革、推动高质量发展、建设现代化经济体系的重要主体，也是我们党长期执政、团结带领全国人民实现‘两个一百年’奋斗目标和中华民族伟大复兴中国梦的重要力量。”同时，也对民营企业家提出了更高要求，“民营企业家要珍视自身的社会形象，热爱祖国、热爱人民、热爱中国共产党，践行社会主义核心价值观，弘扬企业家精神，做爱国敬业、守法经营、创业创新、回报社会的典范。民营企业家要讲正气、走正道，做到聚精会神办企业、遵纪守法搞经营，在合法合规中提高企业竞争能力”“新一代民营企业家要继承和发扬老一辈人艰苦奋斗、敢闯敢干、聚焦实业、做精主业的精神，努力把企业做强做优。民营企业还要拓展国际视野，增强创新能力和核心竞争力，形成更多具有全球竞争力的世界一流企业。”民营企业的发展，要践行社会主义核心价值观，与国家的大政方针保持一致。民营企业谋求商业上的创新发展、做强做优是企业践行社会责任的表现。守法经营、回报社会，也是民营企业履行社会责任的重要内容。同时，民营企业也是国民旅游的重要供给者，在酒店、旅行社、主题公园、景区等各个领域都有出色的贡献。

从中央对国有和民营企业发展的部署相比，旅游企业在履行社会责任方面还有很大的提升空间。虽然我们已有以 20 强为代表的国家旅业第一方阵，但是我们的旅游企业还存在大而不强，原始创新不足的问题，特别是对如何在旅游领域中传承优秀传统文化、弘扬红色基因的革命文化和建设社会主义的先进文化的认识还不够深刻，对于如何将这些优秀文化与旅游产业有效融合，形成一批人民参与范围广、游客满意度高的文化旅游新产品，打造中国服务新品牌，我们的旅游企业还需要继续努力。

文旅融合的新时代，旅游企业在发展中要自觉与国家保持一致，与党所强调的为中华民族谋复兴、为人民谋幸福的宗旨保持一致，有责任也有义务从商业角度贡献力量。要牢牢把握当前社会的主要矛盾，以服务国民大众的旅游需求为核心，通过持续不断的业态、产品创新，提升服务品质，不断满足人民群众对美好旅游生活的向往，这既是新时期旅游集团发展的使命之所在，也是动力之所系。在过去的几十年中，中国已经形成了以旅游集团 20 强为代表的国家旅业第一方阵，他们用才情和努力让国民大众有参与旅游的权利，分享了有品质的旅游生活方式。旅游发展的历史进程和世界旅游强国的发展经验，已经并将继续证明：没有强大的旅游市场主体，就没有强大的旅游产业。市场主体的成长壮大固然需要政府和社会为之提供完善的制度环境，更需要企业家引导的商业创新。正是在无数企业家创业创新的基础上，才能更好地满足国民大众的旅游需求，推动中国旅游业的做大做强，才会将国家旅业的发展战略稳定地导向旅游强国，并在世界旅游的战略格局发出更多的中国声音。

旅游企业要始终关注国民的旅游权利，以美好生活为动力，打通国民休闲和大众旅游的资源界限，研发创新分层多元的旅游项目、产品和服务，平衡淡旺季的旅游供给。对于经济欠发达地区而言，固然需要旅游集团的大投资、大项目，更需要通过旅行商的渠道和平台把当地产品销售出去，还需要结合区情建设一批公共文化设施和休闲中心，让社区居民有实实在在的获得感，这一切，离不开旅游市场主体的共同努力。

以服务国民大众的旅游需求为核心，做强中国服务和中国品牌。在看到中国旅游企业积极服务国民大众的旅游需求，不断推动中国旅游强国建设的同时，也要看到，在新的历史时期，和近 14 亿的人口基数以及 50 亿人次的国内旅游人数相比，中国旅游企业的队伍还不够庞大，还不能完全满足国民大众日益增长、不断升级的旅游消费需求。中国的旅游品牌还不够多、不够强，中国服务在全球的竞争力仍有待提高。中国的旅游企业虽然有以 20 强集团为代表的国家旅业第一方阵，但旅游企业整体大而不强，还缺少像美国迪士尼、美国运通、德国途易这样的世界 500 强企业。我国旅游企业的原始创新力、综合竞争力和品牌国际影响力还不够大。中国有全球最大的国内旅游市场，有最旺盛的旅游消费需求，这是旅游企业服务国民旅游，做大做强的重要根基。要抓住国民旅游快速释放的机遇，积极创新旅游产品，打造酒店、旅行社、OTA、主题公园、交通、旅游信息服务、旅游点评等多个领域的创新品牌，扩大中国服务和中国品牌在国内市场的覆盖率和影响力，不断提升中国服务和中国品牌在全球市场的竞争力，推动中国服务成为与中国制造一样影响世界的国家战略。

更加关注利益相关者的利益，提升合作者的旅游获得感。新时期旅游产业发展，既要满足游客的权利，也要兼顾企业发展特别是员工的利益，兼顾社区发展特别是居民的高水平就业，关注他们收入增长和生活质量提升的权利。这是正确处理新时代旅游发展进程中的公平与效率关系的准则，也是旅游企业社会责任的根本体现。客观地讲，过去这些年旅游企业对效率讲得多，对游客权利关注得多些，对社区、居民、环境保护和可持续发展强调得不够。未来，旅游企业必须坚持以人民为中心的旅游发展观，按照习近平总书记“两山理论”，把绿水青山就是金山银山落到实处，让人民群众在旅游发展中有更多的获得感，这是旅游人的责任所在，可持续发展之保障。在新的时代，中国的旅游企业要以满足国民大众日益增长的旅游消费需求为引导，积极创新旅游业态、旅游产品，打造中国旅游服务品牌，引领国内旅游产业的快速发展。

三、扩大入境旅游，持续创新发展的要求

改革开放初期，入境旅游曾在创汇理念引导下发展。新时期，入境旅游发展已不再以创汇为唯一发展导向，增加了综合性的功能，包括展示中国国家形

象，分享中国经济社会发展成就，响应一带一路等国家发展战略，实现旅游强国等。2017年，我国入境旅游人数1.39亿人次，同比增长0.8%，外国人入境市场同比增长3.6%，入境旅游增长相对缓慢。我国在由旅游大国向旅游强国的转变过程中，入境旅游的做大做强同样不可或缺。没有入境旅游的持续增长就不会有旅游强国的未来。

在过去几十年的发展中，国旅、中旅、青旅、康辉、海外、天马、广之旅等一批服务于入境旅游的旅行社企业快速发展，北京、上海、西安、桂林、成都等入境旅游高热城市及北京故宫、颐和园，上海外滩、西安兵马俑、桂林山水、成都大熊猫基地等景区是外国人在华旅游的选择热点。总体而言，中国在对外旅游营销宣传中，还是更多地宣传了传统的、中国最具盛名的自然、人文景区，而随着入境游客的消费需求变化，中国入境旅游的发展也亟须变革。无论是入境旅游的旅游资源配置、产品和服务创新、科技应用，还是入境旅游的营销宣传方式和内容，都需要及时做出改变。同时，入境旅游的游客结构并不合理，外国游客只占不到20%的比例，港澳台同胞占入境旅游80%以上，同时入境旅游的重游率低，80%的游客为初次到访。

在新的历史时期，入境旅游的发展亟须旅游企业以持续创新的精神不断扩大市场规模，不断优化提升旅游线路、产品和服务品质，推动入境旅游发展再上新台阶。一是要积极挖掘入境旅游市场的新潜力。做好主要客源国以外的新兴客源国，特别是“一带一路”沿线国家，包括金砖国家、上合组织成员国等发展中国家的宣传推广工作，以新市场撬动新潜力。将“一带一路”沿线国家作为关注重点和拓展空间，加强与客源国旅游企业的合作广度和深度，推出适合沿线国家游客消费偏好的入境旅游新线路、新产品和新服务。二是要善于培育入境旅游新动力，尤其要把“中国梦”作为引领入境旅游发展的战略动力。旅游企业的产品推广要从传统资源向当代生活转变，从封闭景点向旅游目的地转变，从波澜壮阔的宏大叙事向家长里短的生活方式转变。三是要深化文化和旅游的融合发展，将更多非传统旅游资源纳入旅游产品范畴，加强与博物馆、美术馆、艺术馆、大剧院等资源的对接，将文化场馆的文化活动纳入旅游线路和产品的范畴。四是要积极开发新的入境旅游产品和服务，推动入境旅游产品由观光向休闲、度假、体验转变，开发研学、治未病、海滨度假、温泉度假、免税购物、康养、文化体验等不同主题的入境旅游产品，丰富旅游产品的内容，以新产品不断拓展入境旅游市场。五是要创新入境旅游产品营销方式，提高对外讲述新时代中国故事的能力，针对境外年轻人群体，以他们所喜闻乐见的方式推送中国入境旅游产品，充分利用推特、脸书等外国人广泛使用的新媒体渠道做宣传。六是要善于运用文化和科技为入境旅游产品赋予新势能。科技发展和文化创意正在深刻改变着旅游的市场逻辑，旅游企业要充分利用现代科技，讲好中国故事。

改革开放四十年来，国家发展入境旅游的决心从未动摇。今天，中国梦正在成为入境旅游市场的新动力。旅游集团要与海外旅游、文化、宣传推广部门协调一致，积极推广美丽中国，丰富内涵、提升品质，不断提升国家、重点旅游城市、国家旅游线路、国家文化公园的知名度、美誉度和满意度，推动入境旅游市场健康稳定可持续发展。

四、参与国际竞争，壮大国际主体的要求

新的时期对旅游企业的国际化发展也提出了更高要求。旅游企业要在服务于中国公民的出境旅游活动中，不断开拓国际市场，更加有效地参与国际竞争，逐步成长为与新时代要求相适应的，充满活力的国际市场主体。

2000 年以来，中国出境旅游市场进入高速增长期，截至目前，有 12 年实现两位数增长，到 2017 年已经形成 1.3 亿人次、1152 亿美元的巨大市场。如果加上留学生、海外务工和大病医疗的消费，市场空间更大，这些都构成了旅游企业跨国经营不可或缺的市场基础。

国际经验表明，在为本国客源提供跨境服务时，母国企业由于拥有客源组织、品牌辨识，特别是消费偏好和消费特征的信息优势，从而具备了当地企业无可比拟的竞争优势。一些在国内市场取得了竞争优势的旅行社、酒店、航空公司和国有旅游集团开始了国际化探索，中国旅游集团、锦江国际、携程、海航、开元、万达、复星等对海外酒店、航空等泛旅游资产的收购已经引起全球关注。旅游企业跟随出境旅游流向而进行的横向一体化布局，以获得境外的经营性资产和销售平台为主。事实上，以携程为代表的目的地接待服务体系的完善，为保障出境旅游者的合法权益和服务品质做出了贡献。多数金融和房地产企业的对外投资则出于多元化经营的需要，形成了以酒店和旅游综合体为代表的资产组合，像复星收购地中海俱乐部则含有丰富其国内业务发展的需要，实现以国际化的品牌优势更好地服务于国内休闲度假旅游市场的扩张战略。

在新时代，打造具有国际竞争力的旅游企业和世界影响力的旅游品牌，是实现旅游强国，树立中国服务的必然要求。旅游企业的国际化发展，应从四个方面着力深化：一是紧跟国家战略做好国际化发展，积极响应国家号召，推进企业在“一带一路”沿线国家的投资，充分利用沿线国家的客源市场，积极推广中国模式和中国服务。同时，用好旅游外交成果。近年来，中国先后与俄罗斯、美国、东盟、瑞士、欧盟、中东欧等国家和地区组织互办旅游年，都有促进旅游投资和市场主体合作的内容。还有中国发起成立的世界旅游联盟等国际旅游组织，以及“欢迎中国”全球标准，旅游企业都可以围绕上述内容开展有效的信息沟通、人员交流和企业合作。二是以国民的出境旅游需求为中心，服务于中国公民的境外旅游消费，不断创新业态、产品和模式，为中国公民的境外旅游提供即时的咨询、丰富的目的地旅游产品、高品质的旅游服务以及衍生型的关联产品和服务，将中国服务和中国品牌在全球推广。三是将科技、创新与企业的境外发展相结合，提供企业的海外创新发展能力和市场竞争力。同时，加大与教育、智库机构的合作，加强对境外旅游投资和业务拓展的国情旅情研究，为旅游企业的境外发展提供智力保障。

经过四十年的努力奋斗，我们已经完成了从旅游资源大国到旅游大国的转型，正在向旅游强国迈进。旅游大国可以利用传统的自然资源和历史文化资源，去适应现实的市场需求，可以自己发展自己的。旅游强国则意味着我们已经走进了世界旅游经济体系的中心位置，对全球旅游产业格局产生越来越大的影响，更多的企业将会利用全球资源，服务世界市场。这意味着别人更多的尊重，也意味着更多的防备，这就要求我们要学会与运通、途易、JTB、雅高、迪士尼这样的市场主体，进行商业理念、资源和要素、协调创新等全方位的同场竞争。在一个全球化配置资源的市场竞争中，不可能利用资源所有权构筑市场壁垒，也不可能利用资本霸权到处收购。大力培育科技、教育、文创、法律、公关、游说等新时代旅游发展的全新动能，积极探索与国际组织、国家和地区、非政府组织、社区居民等多元主体相协调，强化法治和契约精神，共商共建共享全球化旅游发展的未来。

在不久的将来，中国对世界旅游的贡献，既有日渐增长的客源市场、可持续发展的目的地体系，也有具备国际影响力的中国服务和国际化旅游企业，更有全球旅游可持续发展的中国方案。

第三章　旅游集团践行社会责任的新探索

当前，我国社会的主要矛盾具体到旅游领域体现为人民日益增长的旅游美好生活需要和不平衡、不充分的旅游发展之间的矛盾。所以，必须以发展优质旅游来持续增加旅游的有效供给和高质量供给，从而以更平衡、更充分的发展满足新时代人民旅游美好生活需要。在文旅融合的新时代，旅游集团要以融合发展为中心，贯彻落实“宜融则融，能融尽融；以文促旅，以旅彰文”的原则，坚守意识形态和安全生产两个底线，促进旅游与生态文明和经济社会协调发展。当前，旅游集团正面临着文化和休闲新空间的发展，更多的旅游市场主体同时也是文化市场主体；同时，旅游集团也面临更为严格的底线约束，旅游产业的促进者同时也是意识形态的守护者。在融合发展的过程中，旅游集团要自觉与国家战略保持一致，主动履行企业社会责任。要积极服务于地方发展，充分利用旅游的发展带动作用，推动部分发展落后和资源枯竭型城市的转型发展，为实现区域均衡发展做出积极贡献。要有能力用好市场优势和商业能力，把承载五千年文明的优秀传统文化、传承红色基因的革命文化和社会主义核心价值观为支撑的先进文化，转化为广大游客喜闻乐见的旅游项目。在讲好中国故事的同时，持续提升旅游项目、旅游产品和旅游服务的品质感，不断增强旅游集团的竞争力。

一、与国家战略自觉保持一致

近年来，旅游集团在积极响应并主动服务于“一带一路”、东北振兴、产业扶贫、西部开发、乡村振兴、扶贫等国家战略方面做出了新的探索。

1. 调整旅游投资方向，服务国家发展战略

旅游集团在发展中，始终将企业发展与国家战略紧密结合，积极响应国家

号召，将旅游投资投向与国家区域和产业发展的方向始终保持一致。积极响应西部开发战略，加大对西部地区旅游投资，以旅游项目开发、产品推广、线路串联等多种形式主动服务于西部地区的旅游发展，推动西部地区旅游业加速发展。

响应西部大开发号召，加大对西部地区的旅游投资。民营企业和国有企业是全国旅游投资的绝对主力军，占据了旅游投资的半壁以上江山，且比例持续增长（图 3–1）。国有和民营企业对于新业态发展，新产品开发以及区域旅游的均衡发展，均做出了积极贡献。从 2012 年到 2016 年，国有和民营企业在全国旅游投资中的比重从 57.5% 增长到 73.7%，推动了全国各地旅游业的快速发展。其中，民营企业以其高效、灵活的投资决策成为旅游投资的最大贡献者，到 2017 年，民营企业的旅游投资占总投资的 58.7%。在国有和民营企业的积极推动之下，西部地区的旅游投资有了快速增长，中国旅游投资的区域结构也由 2012 年的东、中、西转变为 2015 年的东、西、中，西部地区在全国旅游投资中比例首次超过中部，成为全国旅游投资的热点区域。东、中、西部的旅游投资占比也从 2012 年的 50∶35∶15 转变为 2016 年的 51∶20∶30（图 3–2），在旅游企业的持续推动之下，西部地区实现了旅游投资的逆转，步入了旅游产业发展的新时期。

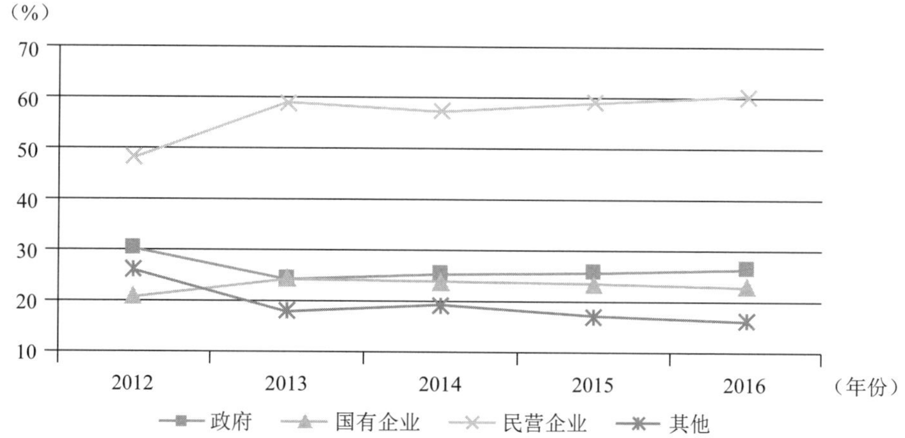

图 3–1 2012–2016 年全国旅游投资主体结构情况

资料来源：2013–2017 年中国旅游投资报告

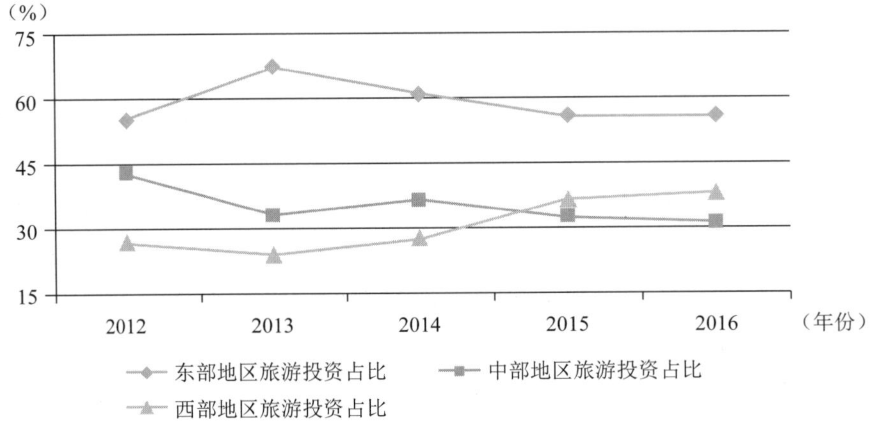

图 3-2　2012-2016 年全国东、中、西部旅游投资占比情况

资料来源：2013-2017 年中国旅游投资报告

响应“一带一路”倡议，加强对沿线国家的旅游投资。“一带一路”倡议提出以来，中国对“一带一路”沿线国家的投资不断增长。2017 年，中国对“一带一路”沿线 57 个国家进行了直接投资，累计投资 201.7 亿美元（表 3-1），同比增长 31.5%，占同期中国对外直接投资的 12.7%，主要投向新加坡、哈萨克斯坦、马来西亚、印度尼西亚、俄罗斯、老挝、泰国、越南、柬埔寨、巴基斯坦、阿联酋等国家。旅游投资作为我国对外投资的组成部分，在“一带一路”沿线投资中发挥了积极作用。

表 3-1　2013-2017 年中国对“一带一路”沿线国家投资情况

年份	投资额（亿美元）	增速（%）
2013	126.3	—
2014	136.6	108.5
2015	189.3	138.6
2016	153.4	-19
2017	201.7	131.5

资料来源：2013-2017 年中国对外直接投资统计公报

到 2017 年底，我国对“一带一路”沿线国家进行的旅游投资覆盖 23 个国家（表 3-2），前三位分别是泰国、柬埔寨、俄罗斯，上述三国也是中国公民出境旅游的重要目的地国家。据不完全统计，我国在“一带一路”沿线国家开展旅游投资的企业有 136 个，围绕着旅游六要素产业以及新兴业态开展了专业投资，在积极响应国家号召的同时，中国的旅游企业也通过品牌模式的输出不断提高在国际市场的影响力，提升企业的国际竞争力。

表 3-2　“一带一路”沿线国家旅游投资分布表

区域	国家	数量（个）	百分比（%）	区域	国家	数量（个）	百分比（%）
东南亚	泰国	19	13.97	南亚	印度	4	2.94
	柬埔寨	13	9.55		尼泊尔	6	4.41
	马来西亚	10	7.35		巴基斯坦	1	0.74
	新加坡	11	8.09		斯里兰卡	2	1.47
	老挝	8	5.88		马尔代夫	4	2.94
	缅甸	4	2.94	俄蒙	俄罗斯	12	8.82
	越南	4	2.94	中东欧	捷克	9	6.61
	印度尼西亚	7	5.15		罗马尼亚	2	1.47
中东	阿联酋	11	8.09		白俄罗斯	1	0.74
	阿曼	1	0.74		立陶宛	1	0.74
	土耳其	1	0.74		波兰	1	0.74
中亚	哈萨克斯坦	4	2.94	总计		136	100

资料来源：邹统钎，晨星，刘柳杉．“一带一路”旅游投资：从资源市场转向旅游枢纽［J］．旅游导刊，2018，2（5）：74-77

以中国旅游集团、锦江国际集团、开元旅业集团、携程、海航等为代表的中国旅游企业，服务于国家发展战略，通过品牌、管理模式输出以及收购境外旅游品牌等多种形式，不断扩大企业在国际市场上的品牌影响力和国际竞争力，将中国品牌、中国服务推向了全球市场。中国免税集团通过免税品牌输出，在柬埔寨金边、暹粒等地建设免税店，积极扩大中国免税的国际影响力，并购 KewGreen 酒店集团，积极服务于国民的出境旅游，并将品牌进行了中国化改造，推出睿景酒店品牌。通过投资、并购，实现集团旗下酒店、旅行社、免税等多业协同，提升了集团国际竞争力。锦江集团主动布局“一带一路”沿线国家，与美国的洲际集团、Keystone 公司和丽笙酒店集团，菲律宾的上好佳国际，法国的卢浮酒店集团和雅高酒店集团，印度尼西亚的金峰集团，荷兰的 Postillion 酒店集团等通过投资并购、授权经营、品牌联盟等多种形式进行合作，在服务国家战略，满足国人持续增长的出境旅游需求，实现品牌模式的输出推广的同时，也大大提升了集团的国际竞争力和影响力，跃升为全球第二大酒店集团。借由国际化发展，锦江集团也正将中国服务向全世界输出，逐步推广中国服务大品牌形象。

2. 创新旅游产品服务，契合国家发展导向

2015 年，习近平主席曾对中国公民的境外人身安全作出重要批示，要求加强境外安全保护工作，确保中国公民和机构安全，维护世界和平与安宁。随着出境旅游的快速增长，中国公民出境旅游的安全问题也备受关注。

构建游客海外安全旅行救助体系，打造中国服务新名片。中国公民的海外安全也是党和国家领导人高度关注的问题，也是旅游企业高度关注的社会责任问题。携程于 2017 年首次上线全球 24 小时“旅行 SOS”服务，通过旅行“微领队”，免费为游客提供旅行中的紧急救援，为游客提供安全、放心的旅行服务，也在全球树立起中国企业的服务形象。2018 年 1 到 8 月，携程共收到 3133 起来自全球 100 多个目的地的 SOS 求助案件，其中海外救助占比 70%，救援成功率达到 94%。绝大部分旅游者的问题得到了有效解决。携程还以“微领队”形式服务于游客的旅游全过程，游客购买产品后可自主添加“微领队”微信，“微领队”可以协助解决全球各地游客旅行中的问题，这一服务设计将携程的产品服务从购买前延伸到游客旅行的全过程。2018 年，携程集团与联合国开发计划署、中国国际经济技术交流中心、中国旅游研究院联合发起“安全旅行——负责任的旅行”项目，将为中国游客提供灾害预警和人道主义救援等方面的支持，全力帮游客降低旅行风险。携程所打造的海外旅行救援体系，以保护游客海外出游的安全性和便利性为根本，为游客提供即时的旅行帮助，不仅创新了旅行服务，也将中国旅行服务的创新成果带到了全世界，彰显了中国企业在全球旅游市场上的引领性和魅力。

3. 响应国家扶贫战略，创新旅游扶贫模式

党的十九大报告提出：“确保到二〇二〇年我国现行标准下农村贫困人口实现脱贫，贫困县全部摘帽，解决区域性整体贫困，做到脱真贫、真脱贫。”帮助贫困人口早日摆脱贫困，走向富裕，是党和国家全面建设小康社会最为艰巨的

任务。旅游企业有责任，也有义务为贫困人口脱贫贡献企业的力量。在推动贫困地区脱贫的过程中，旅游企业已形成了多种旅游扶贫模式，为早日打赢脱贫攻坚战提供了有力的支撑。

包县扶贫模式。2016年，万达集团与丹寨县签订对口帮扶脱贫行动协议，并由此首创了“企业包县、整县脱贫”的“造血式”扶贫模式。这一模式充分响应了国家对精准扶贫的号召，在国内首创了一种可持续、可推广的企业扶贫新模式，为中国企业开展扶贫工作提供了范例。万达的丹寨扶贫项目，构建了短、中、长期兼顾的造血式扶贫模式，并将“扶贫”“扶心”与“扶智”相结合，实现了贫困人口物质和精神的双重脱贫。万达集团先后投资21亿元用于丹寨扶贫，投资5亿元设立产业扶贫基金，由万达集团专业团队运作，将连续10年每年将基金收益的5000万元用于对全县贫困人口的补助。其中，鳏寡孤独以及重残贫困人群进行现金直补，保障其基本生活；对因灾、因病、因学等致贫人群，进行阶段性现金帮扶；对有劳动能力发展产业增收的贫困人口，进行生产奖励补助，鼓励他们通过发展产业增收脱贫。通过基金收益补助，解决“扶贫”中的基础性问题，帮助贫困人口脱离贫困。投资13亿元建设丹寨万达小镇一期和二期工程，为贫困人口提供直接和间接就业机会，借助旅游业发展带动丹寨县农业、手工业、养殖业、零售业等关联产业的发展，并带动当地非物质文化遗产的保护与创新发展。以万达小镇为“鲶鱼”，通过工作岗位的提供以及生活、工作环境的改善以及新思想的引入，搅活了丹寨人的思想观念，促进了丹寨旅游相关产业的发展，激发了贫困人口通过努力改变个人命运的内在动力，达到“扶心”的目标；捐赠3亿元建设贵州万达职业技术学院，解决当地人的可持续发展能力，实现“扶智”。万达的“包县扶贫”中，万达职业技术学院注重长期，万达旅游小镇注重中期，扶贫基金注重短期，实现长、中、短兼顾，教育、产业、基金并举，对症下药。万达包县扶贫以来，扶贫基金已累计惠及82663人次贫困人口，万达小镇2017年7月投运以来，吸引了700多万游客来丹寨旅游观光，游客数量较2016年增长6倍，带动丹寨县旅游综合收入达35.8亿元，收入增长4.4倍，让1.6万贫困人口通过直接和间接就业实现增收。万达职业技术学院2017年9月建成开学，开设了文化旅管理、护理和会计三个专业，累计招生1197人，其中贫困生386人。目前，丹寨县已有3.3万人脱贫。丹寨万达小镇为丹寨创造一个具有强大内生动力、能产生持续收益、带动众多行业发展、推动丹寨面貌深刻变化的旅游IP，在全国树立了旅游精准扶贫的新模式、新标杆，为中国企业参与旅游扶贫、投入打赢精准脱贫攻坚战提供了优秀案例。

产业扶贫模式。“授人以渔”是扶贫中保证贫困人口不再返贫的重要路径。旅游扶贫通过产业扶贫的形式，带动当地旅游产业发展，为贫困人口提供可持续的从业机会，同时提升他们的经营能力和旅游从业技能，增强后续发展动力，是一种“造血式”扶贫。自党的十八大以来，中国旅游集团定点扶贫贵州、云南两省五县（市），通过旅游主业帮扶、特色农业扶持、教育扶贫等相关形式，投入资金 1753.34 万元用于扶贫。中国旅游集团对贵州黎平、对云南西盟、孟连等五县的扶贫均采取了旅游产业扶贫的路径。与中国扶贫基金会、黎平县政府共同打造了黄岗村“美丽乡村”整村旅游村改造项目，将乡村通过旅游开发转变为以民俗、民族文化旅游为特色的旅游村。联合打造“中国旅游集团公司茶旅体验园”，通过传统茶园采摘体验和当地传统茶文化有机结合，推出“农文旅”乡村休闲体验项目。利用香港中旅的客源优势，策划了一条“多彩贵州·精彩黎平”的主题线路，在香港的主流报纸媒体上刊登广告，将黎平的旅游线路介绍到香港。并利用中国旅游集团在港设立的慈善基金会资源，结合香港优质的跨文化传播平台，向海外市场推介中国特色民族文化旅游产品。

线上营销扶贫模式。在旅游扶贫中，存在少数贫困地区旅游资源丰富，旅游产品也富有吸引力，但因为旅游信息没有更好地传递给客源地，导致旅游发展不好。携程在旅游扶贫过程中，充分利用在线旅游企业良好的平台优势，通过线上平台对贫困地区的旅游产品进行宣传，提高贫困地区旅游供需匹配效果。2017 年，携程与交通运输部共同启动了“交通公益 + 旅游扶贫”项目，联合发布了全国首批 100 条扶贫旅游线路，覆盖国内近 20 个省份，涉及全国各地近 1000 个景区。2018 年，携程旅行在 APP 首页上线了“寻找美丽乡村”专题内容，通过与各地政府、旅游扶贫目的地合作，推出旅游扶贫专门产品，帮助贫困地区宣传当地旅游产品，并利用平台影响力将当地旅游推荐给更多旅游者，实现以旅游带动当地贫困人口脱贫的目的。湘西“十八洞村”、云南怒江、山西娄烦、静乐等一批贫困地区成为携程旅游扶贫的对象，携程借助扶贫旅游线路及“美丽乡村”专栏，加大对贫困地区旅游产品的宣传，为贫困地区输送游客，进而带动贫困人口的脱贫。携程的营销扶贫效果已经显现，2017 年 2 月，十八洞村成为湖南省第一批脱贫摘帽的贫困村之一。

4. 打造文化旅游品牌，彰显大国文化自信

文化自信是中华民族走向复兴的精神源泉，也是中华民族屹立于世界的精神脊梁。2014 年，习近平主席在文艺工作座谈会上就提出：“中华优秀传统文化是中华民族的精神命脉，是涵养社会主义核心价值观的重要源泉，也是我们在世界文化激荡中站稳脚跟的坚实根基。增强文化自觉和文化自信，是坚定道路自信、理论自信、制度自信的题中应有之义。”党的十九大报告又进一步提出，“文化是一个国家、一个民族的灵魂。文化兴国运兴，文化强民族强。没有高度的文化自信，没有文化的繁荣兴盛，就没有中华民族伟大复兴。要坚持中国特色社会主义文化发展道路，激发全民族文化创新创造活力，建设社会主义文化强国”。习近平主席关于文化自信的相关论述为旅游企业以实际行动践行文化自信道路提供了重要的方向指导。文化和旅游企业在实践中，牢牢把握市场消费需求的变化，通过文化创意设计和文化资源的深度挖掘，让文化焕发出新的活力，并推动文化与旅游的深度融合，培育出新时代文化旅游新品牌、新产品、新服务，彰显中华文化魅力。

传统文化资源与时代特征结合，使传统文化焕发新活力。故宫是中国皇家文化、建筑文化的典型代表，但“高大上”的皇家形象使得丰富的文化资源与百姓的日常生活相距甚远，走马观花式的参观也很难激发普通游客对于故宫文化藏品深度探索的意愿，故宫博物院收藏的 168 万件珍贵文物也多属“养在深闺人未知”，优质的文化资源很难走入国民大众心里，文化传播效果一般。近些年，故宫开始了创变，开始从年轻人的视角开发故宫新产品，将新时代开放、共享的理念与传统文化资源相结合，引入文化创意、互联网、数字技术等新元素，将故宫文化资源的历史性、知识性、科技性呈现出来，与人们的生活需求相对接，使故宫文化以百姓更加易于接受的方式呈现，既传播了文化，也让更多的年轻人爱上了传统文化，起到了真正的传承文化的作用。故宫将文化创意引入文化资源的应用性开发中，将古老的文化资源与百姓生活相结合，开发的文创产品，无论是 U 盘、朝珠耳机、扇子等等，都有了故宫文化范，因而也成为不可替代的旅游纪念品。故宫借助新媒体渠道，不断揭秘“高深莫测”的故宫，将“我在故宫修文物”纪录片变成了年轻人追捧的故宫“宣传片”。在将传统文化与时代需求结合的基础上，故宫走出了传统博物馆创新发展的新路径。

以文化和科技创新为支撑，做强主题公园品牌。国家发改委等五部委联合印发的《关于规范主题公园建设发展的指导意见》，对文化自信提出了明确要求，要讲好中国故事，用老百姓听得懂的语言去讲述老百姓，特别是年轻人感

兴趣的故事。主题公园不仅仅是休闲场所，也不单单是简单的文化产品，更承载着新时代的文化自信、文化创造和文化软实力。今后一个时期的文化和旅游融合发展尤其是文化旅游产品的开发，必须要坚持正确的价值观导向，不要追求那些奇奇怪怪、哗众取宠的东西，更不能搞那些不健康、不文明，与社会主义核心价值观体系相违背的东西。

华侨城是国内主题公园开发和创新的先行者，依托对文化的深度挖掘与对旅游需求的精准把握，形成了早期的锦绣中华、中华民俗村、世界之窗等主题公园，并在科技与娱乐的融合之下，打造了欢乐谷主题公园，成为全球主题公园集团的佼佼者。华侨城 2011 年增资收购华侨城文化旅游科技公司，增强集团在科技创新、文化旅游融合创新方面的能力，扩展业务内容，实现集主题景区的创意、设计、研发、建造等于一体的综合服务提供。在科技创新的支持之下，华侨城将 VR 科技与主题娱乐相结合，创新性地推出卡乐主题公园品牌，积极推动主题公园的创新发展。

海昌海洋公园以海洋动物保育技术为支撑，成为海洋生物保育的国际领先企业，形成海洋主题公园的独有竞争力。海昌海洋公园是中国最早引进白鲸、帝企鹅并开展专项驯养繁育的研究机构，人工繁育了世界上第一头虎鲸、国内首例跳岩企鹅和阿德利企鹅，人工繁育北极熊、帝企鹅的数量居世界之首。海洋动物保育管理技术、场馆设计建设运营管理是海昌海洋公园在海洋馆运营咨询及水族馆技术管理服务方面的两大核心竞争力。依托海洋生物保育技术，打造以海洋为主题的主题公园，又在海洋公园生物的基础上，打造动物形象 IP，推出“七萌团”卡通形象，积极探索海洋文化、IP 文化与旅游融合发展的路径。

以中国优秀文化为基础，打造优质旅游演艺品牌。通过对中国传统文化和近现代文化的深度挖掘，将文化体验与旅游体验相结合，形成特色旅游演艺，做中国故事和中华文化的传承者、体验者和讲述者。

宋城演艺集团通过对宋代人文风情的主题公园演绎，以及与之相对应的宋城千古情演艺产品的打造，成为国内旅游演艺领域的佼佼者。在扩张发展中，逐渐形成了“城市文化”+“民族文化”文化支撑体系，通过对目的地城市文化和当地民族民俗文化的深度挖掘，创造出属于该地特色的千古情产品，并以各地多样的文化效应丰富宋城千古情这一演艺品牌的文化内涵，不断增强企业可持续发展能力。

以文化创意为根基，打造创意旅游品牌。通过文化创意设计，将文化经过内容创造、产品打造、品牌树立、产业链打造，形成创意旅游品牌和系列产品。景域集团提出了旅游 IP 矩阵的观点。在景域的旅游 IP 创造实践中，通过对中国文化的深度挖掘，创意出特色 IP 名称，并在洞悉消费者心理的基础上，进行 IP 内容和故事的生产，赋予 IP 生命和活力，形成以 IP 为中心的产品和服务体系。安吉帐篷客和安吉三宝、嘉善大云和云宝等均是景域依托当地特色，创新推出的旅游品牌，并以 IP 为核心，形成旅游酒店产品、旅游度假产品、旅游演艺产品、旅游购物产品、旅游主题展览等产品体系。

二、主动服务地方经济社会发展

新时代旅游企业的社会责任与担当，也体现在旅游企业主动服务地方经济发展，通过文化旅游创意、投资、品牌打造，充分发挥旅游业的关联带动作用，带动当地经济和关联产业发展，推动资源枯竭型城市转型发展，实现文化历史街区、村庄的旅游活化发展，以及乡村旅游的增值发展。

1. 主动服务地方，带动区域经济发展

旅游业对地方社会经济发展的带动作用已成为社会共识。旅游企业在商业实践中，既要主动服务于国家战略，服务于国民不断增长的旅游需求，同时，也会积极响应国家号召，主动践行社会责任，服务经济发展相对缓慢的地区，通过旅游发展带动，带动地方经济发展。

党的十八大以来，中央出台了全面振兴东北地区等老工业基地的一系列重大决策部署，东北振兴既是国家发展的战略要求，也是区域经济均衡协调发展的客观要求。旅游企业以旅游目的地、旅游项目建设为根本，在服务东北经济发展方面发挥了积极的促进作用。

旅游企业在东北振兴过程中，主要通过两种方式进入旅游行业，带动地方经济发展。

一是通过项目投资，推动地方旅游产业提档升级。东北地区在旅游发展中，主要依赖的是“二老”资源，如长白山天池、大连海滩、冰雪等，处于以观光为主导的市场发展阶段，不适应当下旅游消费正由观光向休闲度假发展的情况。万达、海昌、复星等企业通过在东北地区建设休闲度假类项目，推动了当地旅游产业的升级发展。海昌在大连建设了老虎滩海洋公园极地馆、大连海昌发现王国主题公园等娱乐休闲公园，丰富了大连的休闲旅游产品体系；万达集团联

合多家民企联合投资了长白山国际旅游度假区；万科集团投资建设了松花湖国际旅游度假区，改变了长白山和松花湖单一的观光旅游形象，将两地打造为休闲度假目的地，也产生了良好的产业和经济带动效应；复星集团在亚布力和北大壶建设了一价全包式度假酒店，丰富了东北滑雪目的地的度假产品。

二是通过直接投资和品牌输出等多种方式，促进提升当地旅游企业管理水平和旅游服务水平。中青旅集团与鞍钢集团合作，整合鞍钢集团旗下非钢酒店业务，以山水酒店品牌统一运营，提升鞍钢酒店的运营、管理水平和品牌化营销效果；携程在黑龙江设立穆棱呼叫中心，在辽宁签约 30 余家实体门店；锦江集团旗下的七天、锦江之星、麗枫、喆啡、白玉兰等，首旅集团的如家、和颐等众多酒店品牌已进入东北多个城市。旅游企业通过直接投资和品牌输出等多种方式布局东北，不仅响应了国家对东北振兴的号召，也将集团企业规范的运营管理和营销平台带入东北地区，丰富了当地旅游供给，带动了当地旅游业的发展。

2. 借力旅游产业，推动资源型城市转型发展

随着生态文明建设以及绿色发展理念的推广，产业发展重心和市场消费需求的变化，一些以煤炭、石油、钢铁等资源为特色的城市，或因有限资源耗尽，或因生产发展的不可持续以及对城市生态的破坏而陷入发展困境，如焦作、枣庄、攀枝花、克拉玛依等。而以旅游为突破口，通过完善基础，开发旅游产品，打造旅游目的地，带动旅游关联的第一、二、三产业的发展，进而带动地方经济的健康发展，实现资源型城市的转型升级，正是旅游企业助力地方转型发展，积极践行社会责任的重要内容。地方旅游企业和全国性旅游集团通过投资建设积极介入城市旅游发展，在推动资源型城市转型发展中发挥了重要作用。

河南焦作是资源型城市转型发展旅游的典型，2008 年，就被国务院列为首批资源枯竭城市。焦作通过发展自然山水旅游，代替将要枯竭的煤炭资源开发，实现社会经济全面转型，并取得了成功，被称之为“焦作现象”。在焦作旅游发展中，一方面，以云台山旅游股份有限公司为核心的国有企业，在政府的指导和帮助下，创造性地将默默无闻的云台山打造成河南省首屈一指的旅游景区，实现了跨越式发展，也创造了以核心项目带动一地旅游进而发展一地经济的模式。另一方面，中国旅游集团也积极助力焦作旅游发展。从 2012 年战略投资焦作商业银行，到 2015 年焦作市商业银行改名为焦作中旅银行，中国旅游集团以金融支持了焦作市旅游业的发展，为焦作市旅游景区、酒店、旅行社等企业的发展提供了充分的资金支持，保证了焦作市旅游各细分行业的同步发展。

山东枣庄也是因煤炭资源即将枯竭而转型发展的城市。2008年，以台儿庄运河古城投资公司为主体的国有企业投资建设台儿庄古城，以“留古、复古、承古、用古”的原则和“原空间、原尺度、原风貌，原材料、原工艺、原地工匠”的标准和丰富的旅游休闲度假产品设计，使得台儿庄古城开门运营后即为市场所接受，运营7年，累计接待游客近3000万人。仅2017年，台儿庄古城全年游客接待量为581.86万人次，古城集团营业收入3.47亿元，古城业态综合收入达13.8亿元。古城旅游的发展，也带动了更多投资者进入枣庄投资开发旅游，推动了当地旅游产业的集聚发展，进一步强化了旅游对经济发展的影响效应。山东万紫千红发展有限公司和亿一文化投资发展公司分别投资了台儿庄运河湿地国家休闲旅游度假区和迪趣欢乐谷景区，上述项目与台儿庄古城一起，成为枣庄打造多日游的重要支撑。旅游的发展也带动了当地经济发展方式的转变，第三产业增加值不断提高，万元GDP能耗大幅下降，枣庄经济的发展开始向生态、绿色转变。

3. 活化古村落及历史街区，加速文旅融合

旅游企业是文化村落和历史街区创新发展的推动者，借助旅游开发，让古村落和街区重新焕发市场活力。在文化和旅游的融合发展中，旅游企业通过把优秀的中国传统文化与旅游市场的消费需求相对接，为文化村落和历史街区赋予了新的生命，同时也有效地促进了文化传承、资源保护与当地的可持续发展。

中青旅对乌镇的保护与开发，已成为古镇发展的行业范例。从古村落到现代科技、文化的体验地，乌镇的发展经过了多次产品迭代。乌镇发展初期遵循了保护性开发的理念，与同时期的周庄、西塘相似，主要发展观光旅游；中期时，敏锐地捕捉到市场消费由观光向休闲度假转变的趋势，增强了对景区夜游产品以及休闲、娱乐、住宿产品的开发，延长游客逗留时间，丰富游客休闲体验。近年来，中青旅对乌镇的打造，突出了专业、多元的特点，将文化和科技元素引入乌镇，使乌镇成为一个综合性的目的地。通过打造乌镇戏剧节、建设木心博物馆，进一步丰富乌镇的文化元素和文化吸引力；通过完善互联网基础设备和配套服务，举办世界互联网大会，给文化乌镇又赋予了科技的特征，使乌镇成为最现代、最文化、最科技的古镇之一，也成为全国古镇发展的成功代表。

成都文旅集团通过对成都宽窄巷子这一历史街区进行“修旧如旧、保护为主”的建筑物保护性开发，同时兼顾了宽窄巷子承载内容的创新性开发，将宽窄巷子由历史街区改造为成都历史文化和生活的记忆所在，现代成都人休闲生

活的新去处，成为成都知名的旅游休闲新名片。

三、文旅融合下的产品创新和品质提升

近期的两个热点事件，从酒店的“杯子门”到东北的“雪乡事件”，看似偶然，实则反映了旅游产业发展中优质旅游产品和服务供给不足以及旅游品质有待提升的问题。文旅融合的新时代下，旅游企业要以人民为中心，坚持做人民群众所需要的现实的文化和旅游产品，做国家战略所倡导的有价值的文化和旅游产品，做能体现共同价值、面向未来的文化和旅游产品，积极践行优质旅游新战略，以持续创新的精神推动产业的深度融合，为国民大众提供更多符合消费需求的业态、产品和服务，持续增加有效旅游供给和高质量供给，并通过对优质产品和服务的品牌化打造，全面提升旅游品质，满足新时期人民对美好旅游生活的需要。

1. 创新性、高品质文旅融合产品的开发

传统文化和现代文明是社会主义核心价值观的主要表现形式，是国家软实力的核心组成部分。相较于传统的以展示为主的博物馆、美术馆、科技馆、图书馆教育，同样作为文化载体的旅游，具有让人在轻松的状态下不知不觉接受教育的功能与优势，这在中国改革开放四十年的旅游发展实践中已经得到了充分证明。文旅融合新时期的旅游产品开发，既要挖掘优秀传统文化，也要面向未来，面向新的文化创造。

以文化为内核，以旅游为载体，创新文旅融合产品，讲好中国故事。文化和旅游部雒树刚部长指出：文化是旅游的灵魂，旅游是文化的载体。在文旅融合发展的时代，文化为旅游提供了丰富的内核体系，旅游为文化传承提供了新的空间和新的渠道，也为文化创造注入了新的动力。文化和旅游多种方式的融合，是弘扬和传承中国优秀文化，讲好中国故事，增强人民文化自信的重要路径。国家发改委等五部委联合印发的《关于规范主题公园建设发展的指导意见》对文化自信提出了明确要求，要讲好中国故事，用老百姓听得懂的语言去讲述老百姓，特别是年轻人感兴趣的故事。今后一个时期的文化和旅游融合发展，尤其是文化旅游产品的开发，必须要坚持正确的价值观导向，不要追求那些奇奇怪怪、哗众取宠的东西，更不能搞那些不健康、不文明，与社会主义核心价值观体系相违背的东西。

主题公园是文旅融合的典型代表，也是旅游休闲娱乐和文化传播、创造与传承的场所。中国的主题公园在过去几十年的发展中，依托中国优秀的文化资源，融合现代科技，打造了丰富多样的文化娱乐体验产品，使游客在轻松的体验氛围中潜移默化地感受、认同、传播中国文化。华强方特在主题公园建设中，通过打造原创 IP、挖掘历史 IP 两种形式，构建了主题公园发展的文化底蕴和竞争力，同时也借助主题乐园形式，对中国优秀文化进行有效传播，彰显中国文化自信。华强方特自主打造的“熊出没”系列动画片，在儿童群体中广泛传播，成为华强方特的原创 IP，依托这一经典 IP 和典型动漫人物，企业筹划建设了“方特动漫乐园”“熊出没乐园”等主题乐园项目，意在围绕核心 IP，打造集动漫创作、主题乐园、衍生产品等于一体的主题公园产业链，构建中国原创的文旅产业体系。同时，挖掘中国历史文化中的优质 IP，打造以中国文化为核心的“美丽中国”三部曲项目，包括华夏历史文明传承主题园、复兴之路爱国主义教育基地和明日中国主题园组成，意将中国传统文化、革命历程、改革成就和未来发展以全新的文化、科技、艺术手段予以展示。结合地域文化资源，方特还推出了“东盟神画”“丝路神画”“殷商神画”“中华成语文化主题园”等多个深挖当地文化 IP 的主题公园。方特通过对中国历史文化和现代文化的深度挖掘，自主创新文化 IP，并结合现代娱乐科技以及娱乐产品设计，构建了具有深厚文化内涵和休闲娱乐特征的娱乐产品体系，实现了文化继承、创造、传播与国民休闲的有效融合，凸显了当代中国的文化自信。

旅游演艺是文化和旅游融合的另一典型，也是实现文化和旅游部雒树刚部长提出的“文化遗产既要保护好，又要火起来”目标的重要途径。2018 年 3 月，国务院办公厅发布《关于促进全域旅游发展的指导意见》，提出要推动剧场、演艺、游乐、动漫等产业与旅游业融合开展文化体验旅游。从“印象”系列、长恨歌、宋城千古情到“又见”系列，旅游演艺项目大多深耕当地历史、民俗等资源，结合当代人的精神消费和娱乐消费需求，将人文历史、人物故事、民俗文化等以实景或剧场演出的形式展现出来，既是对文化的生动展演，也是对文化的创造性展现，在保护、传承、发扬传统文化的同时，也带动了旅游业和关联产业的发展。在此过程中，三湘印象、宋城演艺、陕西旅游集团等一批文化创新企业，将文化与旅游进行了创造性的融合开发，为市场提供了丰富的旅游演艺产品，成为中国文化的传播者、创造者和继承者。

以文化为基础，构建文旅融合新产品。近年来，一批文化企业也充分发挥已有文化资源优势，主动“触”旅，开展文化加旅游系列产品的开发，形成了一系列文旅融合新产品。2018 年，读者出版集团、中国出版传媒商报社等 10 家出版集团联合成了全国出版发行业文旅联盟，拟以“文化 + 教育 + 旅游”的产业合作模式，推动出版发行、文化教育、旅游产业的深度融合。读者出版集团和辽宁出版集团等企业均将研学旅行作为企业“触”旅开发的核心产品，读者集团在甘肃省开发了基础教育课程内研学旅行产品，辽宁出版集团在辽宁省内推出研学旅行课程和 40 多条研学线路，利用出版集团丰富而深厚的文化、文学资源基础，与学生、年轻人的深度学习需求相对接，做教育、研学旅行产品的开发，既可以延长出版集团的产业链，又为旅游提供了更加丰富多元的产品。中国动漫集团与河南竹桂园旅游集团合作，拟以动漫为核心，打造“动漫 + 文旅”产业项目，实现传播中国声音，讲好中国故事，增强文化自信，丰富文旅产品的目的。

2. 科技推动下的业态和产品创新

科技一直是推动产业进步的重要力量。科技对旅游产业的发展促进，既可以滋生出创新业态，又可丰富旅游产品的类别和内容，同时，在便利游客出行、实现信息透明、满足游客期待等方面均发挥了积极作用。

科技推动下的旅游业态与产品创新。互联网对旅游业的改变是过去 20 年旅游产业最大的变化之一。新时期，AI 智能技术、虚拟现实技术、物联网技术等对旅游业态创新、产品创新将起到积极的推动作用。2018 年，阿里将人工智能用于酒店运营管理，推出了无人酒店，客人从入住到离店，通过人脸识别、机器人服务、天猫精灵、手机终端等的使用，全程均可自助完成，这一创新实验，对于未来酒店业的运营管理模式或将产生重要影响。在此之前，携程推出的“EASY 住”，闪住 2.0 等，已经对无人酒店进行了积极探索。虚拟现实正成为景区创新开发的新手段，国内基于虚拟现实技术打造的首家主题乐园东方科幻谷已经开业，建设了 VR 游乐馆、VR 电影院、VR 过山车等相关游乐设施。华侨城、方特等主题公园也通过在传统项目上增加 VR 元素，提升游览体验等方式，对 VR 技术应用进行了初步尝试。

科技支持下的旅游体验优化。科技在旅游业的应用可以帮助旅行者跨越语言、时空、距离障碍，提升游客的购买决策和旅行体验。携程通过大数据平台抓取用户行为，再以人工智能手段提炼用户需求，针对用户需求为游客提供更加精准的定制服务，可以更好地满足游客需求，提升游客的满意度，同时也使旅游资源在市场上能得到更良好的配置。携程、艺龙、途家等多家企业都提供了“VR 全景”看房新功能，借用 VR 设备展示房屋结构、布局以及室内陈设的全面视角，游客可总览房屋的户型图，也可以点击进入客厅、卧室等不同空间，获得更加真实的现场感和交互式感受，从而提高游客在决策购买阶段的体验，帮助游客更好地做出决策。途家网针对分享民宿中存在的安全问题，把身份认证和人脸识别技术应用于入住中，并将游客身份信息与公安系统打通，实现实名、实人、实证、实时的身份核验管理，既保护了房东利益，也保障了游客安全。讯飞公司推出的人工智能翻译机，采用神经网络机器翻译、语音识别、语音合成、图像识别、离线翻译等多项人工智能研究成果，能够实现中文与 30 多种语言的即时互译，同时也包括方言，利用翻译机，可以避免游客在外地出游，尤其是出境游时听不懂语言的尴尬，提升了游客的出游品质。美团点评集团用物联网技术实现对酒店布草的监控、追踪和管理，以 C 端游客可获取的二维码 +B 端企业管理的 RFID 物联网智能芯片相结合，利用 RFID 芯片，酒店可以追溯布草丢失和使用情况，住客可以利用二维码查询布草洗涤信息，提升了酒店管理效率和游客的住宿体验。同时，开发“云排队”系统，游客领号排队，通过移动终端实时了解排队进展，在排队时，游客可以休息或尝试其他项目，并根据排队进展在排号即将结束时出现，既充分利用了排队等候时间，也提升了游客排队的舒适度。

3. 需求视角下的旅游品质提升

旅游企业在服务游客的过程中，以满足并引领游客需求为核心，通过科技、文化创意等多种创新方式不断优化旅游产品和服务，持续提升旅游品质。

以优质旅游为目标，不断提升旅游供给质量。满足游客不断升级的旅游消费需求，通过不断升级旅游供给质量，提升游客的旅游体验。众信旅游以优质旅游为中心，2018 年推出了“设计师系列”“一家一团系列”“五天年假系列”“达人带路系列”四大原创品牌产品系列，以旅行产品的创造力、品质感和服务性为设计诉求，以满足新时代游客对美好旅游生活的需要。途家针对住客对线下房间品质及房东态度不断提高的要求，推出“优选 PRO 全新计划”，通过对上线房源的位置、房型、房内配置，以及房东经验和好评率的严格要求，为住客提供更优的住宿体验。跟团游品质一直备受诟病，途牛旅行网推出的“牛人专线”，通过对线下接待企业严格把控产品质量，提升准入制度，加强品牌审核，定期淘汰不合格产品等多种手段，持续进行产品更新迭代，大大提升了“牛人专线”的品质。

将生活融入旅游，不断拓展旅游外延，提供更加综合、便利、有品质的旅游产品和服务。亚朵酒店将生活与住宿相结合，提出了生活方式酒店的概念，将阅读、摄影、社交、购物、主题活动等纳入酒店产品范畴，将生活与异地旅行居住进行了有效对接。无印良品酒店则整合了品牌旗下的服装、家用品等购物店和餐饮元素，让住客在异地也可享受在家生活的惬意感和便利感。如家旗下的和颐至尊酒店则上线了磨呗空间，以共享办公为核心，集 24 小时书吧、新零售线下体验、咖啡、轻餐于一身，将办公、购物、休闲、住宿融于一体，成为城市人群的新潮办公及生活方式。同程将旅游与社交相结合，推出“缘分大巴”旅游产品，以线上线下相结合的方式，为单身游客提供交友服务，赋予了旅游新的生活化功能。

以优质品牌打造，引领中国服务方向。过去的几十年，中国旅游企业在品牌创造、以优质品牌引领优质服务方面进行了全方位的探索，形成了一系列彰显中国服务品质的优秀品牌。在新的历史时期，旅游企业针对新消费需求而进行的品牌创新和探索，正成为中国服务的重要组成，和原有品牌一起，引领中国服务发展的新方向。

在消费升级的背景下，酒店业的品牌创新，多在功能、体验、互动多个维度做加法，跨界、融合、社交、人文成为酒店业创新的重要方向。针对消费人群和消费需求的变化，不断创新产品品牌，以更符合游客消费需求的新品牌满足游客新需求。如家酒店集团针对年轻一代游客住宿、娱乐需求的变化，推出了多个新品牌：如以社交功能为特色的 YUNIK 酒店品牌，将具有娱乐性和交互功能的智能产品融入住客体验，通过场景化营造和志趣相投者的圈子交流，增强酒店的客户黏性；以郊区综合度假为特色的“如家小镇乡野趣乐部”品牌，引入科技、娱乐、玩乐达人的全新模式，把乡野环境、综合性娱乐、高科技设备融入趣乐部，有 H.O.（HappyOrganizer）组织娱乐活动，充分满足新生代用户的娱乐需求；以亲子度假为特色的漫趣乐园品牌，以主题房、户外亲子产品为特色，为家庭游客提供与孩子美好相处的度假空间。随着中端酒店消费需求的日益凸显和市场供给的不足，多家酒店集团等均推出了中端酒店品牌，如港中旅的“睿景”、华侨城集团的“嘉途”、开元酒店集团的“阿缇客”、金陵饭店集团的“金陵嘉珑”等，为住客打造轻奢、舒适、社交的住宿空间。锦江集团推出白玉兰酒店品牌，以打造酒店世界的人文咖、精致生活的完美控为主要诉求，以“一城一店一品”为特色，凸显人文气质，强调文化与住宿的融合。开元酒店集团推出“美途酒店”品牌，以打造“产业社群酒店”为方向，通过服务产业人群，将酒店打造成为集技术培训、资源对接、场地服务、社交体验等多功能为一体的新空间，成为特色小镇、综合体中的生活和社交中心。

旅行服务企业，也通过品牌打造，不断强化旅行产品服务品质。如携程的“臻品游”、同程的“同程专线”、途牛的“牛人专线”等，均以提升跟团游品质为核心，通过严控线下企业资质和服务质量，提升跟团游品质。途牛针对贵宾会员推出了服务品牌“途致”，通过对服务标准、会员权益以及增值服务等内容的设定，提升会员服务质量，提升会员购买体验。在定制游领域，携程的“鸿鹄逸游”、中青旅的“耀悦”、众信旅游的“奇迹旅行”等，围绕高端消费人群的个性化、高品质旅游诉求，通过优质资源挖掘、优质线路设计和优质服务提供，满足高端消费人群的高品质出游需求。

景区及休闲度假领域。欢乐谷、宋城、海昌、方特等主题公园类企业依托已有品牌不断开疆拓土，加大对全国二三线城市的市场占领。休闲度假方面的品牌不断出现，中国旅游集团的“海泉湾”品牌，已建设珠海海泉湾、青岛海泉湾、咸阳海泉湾等以温泉为特色，以综合性住宿、餐饮、购物、娱乐消费为特征的多个休闲度假目的地，成为国内休闲度假领域的重要品牌。万达集团所打造的旅游综合体品牌，已在武汉、西双版纳、长白山、南昌等全国 13 个城市建设，形成了集主题乐园、酒店、秀场和购物中心于一体的综合性休闲度假场所。开元旅业集团在酒店主业之外，推出周边游乐园品牌“开元森泊”，拟构建集乐园、儿童游乐项目、会展、教育、住宿于一体的度假综合体，服务于城市市民的高频、近距离、高品质休闲消费。

第四章　构建旅游企业履行社会责任的新环境

文旅融合的新时代，旅游企业的健康发展和社会责任的履行，需要政府、媒体、学界共同努力，营造有利于企业发展的社会氛围。不能让英雄流血又流泪，也不能让企业付出又受委屈，要积极弘扬正能量，着力营造依法保护企业家合法权益的法治环境、促进企业家公平竞争诚信经营的市场环境、尊重和激励企业家干事创业的社会氛围。

一、政府：鼓励发展，为市场主体营造良好发展环境

积极鼓励市场主体发展，牢固树立市场主体地位。继续大力推动政府的制度创新和由行政主体推动的旅游发展氛围的营造，不断增强旅游市场主体的声音，使旅游市场主体在总体发展战略格局中发挥其应有的作用。旅游行政主管部门在谋划新时期旅游业的转型升级和提质增效时，应当牢牢树立“企业兴，则旅游旺；企业弱，则旅游衰”的指导思想。牢固树立市场主体地位，必须让市场在旅游资源配置和创业创新进程中发展基础作用，强调企业家群体和职业经理人阶层的发育，强调整个商业环境的协调互动；要充分发挥各类旅游企业的作用，不是简单地放权于市场、放权于企业。市场主体的培育与发展离不开各级党委和政府的积极引导，政府应对市场主体的发展给予充分的关注，千方百计地扩大旅游产业的市场基础，千方百计地帮助旅游企业解决现有市场的痛点，推动旅游市场主体做大做强。

出台促进导向和鼓励创新的产业政策，实施规范为主和兼容试错的微观监管。当前，消费主体走在了市场主体的前面，市场主体走到了行政主体的前面。“(企业) 法无禁止即可为，(政府) 法无授权不可为”，是社会主义法治建设的自然要求。在此背景下，如何保障国民旅游权利，提升国民旅游福祉的同时，培

育充满生机和活力的旅游市场主体，兼顾效率与公平，从而建立依法兴旅、依法治旅新体系，是各级政府特别是旅游行政主管部门必须要回答的现实的课题。政府要赋予自身社会责任，给予政策层面以及相关的行业监管方面更多支持。

实现政府与市场主体良性互动，构建旅游领域新型政商关系。积极践行习近平总书记关于新型政商的理论，政府在同旅游企业打交道时，要多交往，多谈心，多关注，多引导，帮助旅游企业解决实际困难，不能以权谋私，不能搞权钱交易。旅游企业家也应主动同各级党委和政府部门多沟通、多交流、讲真话、说实情、建净言，积极投身地方旅游产业的发展中，为地方经济发展做出贡献，同时也要与国家战略保持一致，遵纪守法，光明正大地搞经营。

二、媒体：营造客观、公正、积极向上的舆论环境

做市场主体的同行者、支持者。创新不易，创业更难，承载国家战略和践行社会责任的旅游企业更难。在看到旅游企业家们努力、勤恳地为满足国民大众旅游需求服务的同时，我们没有理由不为他们冲刺和登顶时送上鲜花和掌声，没有理由不为他们一时的失意和困境时鼓劲加油，没有理由不为他们“事了拂衣去，不留功与名”而致敬和祝福。为新时代旅游产业带来更多的大光明和正能量，永远做阳光下的同行者，应当也可以是传媒界的身体力行的共识。

积极履行旅游媒体社会责任，做产业正能量的传播者。旅游媒体要和旅游企业加强沟通，主动深入旅游企业开发建设的第一线，多分享旅游企业发展中的成绩，积极传播产业发展中好的模式、思想、理念，主动报道为产业发展、为社会进步做出重要贡献的各级企业员工，分享企业发展的成就。同时，多了解旅游企业发展中存在的、亟须政府部门和社会协助解决的问题，充分利用新闻报道的作用，引发政府和社会关注，推动问题早日解决。旅游媒体人要以旅游企业健康发展为己任，主动、自觉地成为旅游企业发展的同盟军，为旅游企业发展鼓与呼，积极传播旅游产业发展的正能量。

三、学界：面向市场和产业需要，推进理论创新和人才培养

旅游学术研究应扎根实践，为产业发展提供理论支撑。很多时候，我们写文章，是为了更多的同行引用率；我们做研究，是为了让自己获得更多的社会

声誉；我们办学，是为了让学校更有名，而不是让学生成为世界公民和合格的旅游从业者，这种情况再也不能继续下去了。旅游理论研究与灵动的产业实践相背而行，旅游学者自顾自沿着科学化、殿堂化、圈子化和自我神圣的道路勇往直前，却背离了学术理论应该是来自实践，并指导实践发展这一研究根本。现代学术研究已经不再是书房中的顾影自怜，走进生动活泼的生活场景和日新月异的产业实践，真实触摸美丽中国旅游梦，才会有持续前行的力量和原创思想。旅游研究者应走出图书馆和实验室，自觉践行以人民为中心的理念，开创文化和旅游融合发展的新时代。到现实生活中去，用学到的理论、知识、工具和方法，分析研究人民对美好旅游生活的现实需求，和行政主体、市场主体一道去切实增进国民大众的旅游和休闲获得感。要多关注国内旅游企业，加强对他们的研究，走进国内旅游市场主体的商业第一线，以理论知识为旅游企业发展方向指引，助力中国旅游企业更加健康快速发展。并在产业研究的实践中，总结出符合中国旅游市场主体特征的理论、方法、案例，使旅游学术研究真正为国家旅游战略服务，为旅游产业创新服务，真正把总书记号召的“把论文写在祖国的大地上，把成果应用到社会主义现代化建设中”落到实处，形成促进新时代旅游业创新发展的理论动力。

加强科技研发，为旅游企业发展提供持续动力。旅游研究者要做旅游行业科技研发和创新的积极参与者和实践者，将理论知识与产业发展时间相结合，将实验室研究与产业应用相结合，实现学习、科研、产业应用的相辅相成，共同成长。旅游学术界的科技研发应与企业界保持密切联系，加强与企业的交流与合作，构建产学界的联盟，将科研成果及时应用于企业界的实践中，并通过实践反馈不断优化研发成果。

积极开发新专业，为产业发展输送专业人才。旅游学界要与产业发展方向保持一致，要能敏锐地观察到产业发展的趋势，提前为旅游新业态的发展培养人才。针对当下或未来有巨大市场发展前景的旅游新业态，积极进行市场调研和发展预判，通过设置专题班、企业定向培养班、专业设置等多种方式，为产业发展主动输送人才。加强学校、企业之间的合作，鼓励学生通过产业实践的形式更好地了解产业发展，也通过在企业接受的训练更好地完成学业，提高学习质量，为旅游产业培养更多懂理论、善实践的专业人才。

参考文献

[1] 王专 . 陈光甫与中国近代旅游业 [D]. 苏州大学，2009.

[2] 曾慧宇，曾爱民 . 企业应将履行社会责任提升到战略高度 [N]. 人民日报，2017-07-24（7）.

[3] 钱江 . 倔强精干的女实业家董竹君 [J]. 经济工作通讯，1991（01）：22-24.

[4] 策反杨虎、阎锦文营救张澜的详细经过 [N]. 中国共产党新闻网，2009-09-27.

[5] 王梓木 . 新知新觉：深入把握履行社会责任的新时代要求 [N]. 人民日报，2018-04-03（7）.

[6] 阿里巴巴集团 . 马云：未来已来 [M]. 杭州：红旗出版社，2018.

[7] 王泽应 . 论企业道德责任的依据、表现与内化 [J]. 道德与文明，2005（3）：36-41.

[8] 白楠楠 . 企业社会责任对企业绩效的影响研究 [D]. 辽宁大学，2016.

[9] 王泽应 . 论企业道德责任的依据、表现与内化 [J]. 道德与文明，2005（3）：36-41.

[10] 曾博伟 . 改革开放 40 年：中国旅游业发展导向的演变 [N]. 中国旅游报，2018-10-09（3）.

[11] 邹统钎，晨星，刘柳杉 . "一带一路"旅游投资：从资源市场转向旅游枢纽 [J]. 旅游导刊，2018，2（5）：74-77.

[12] 董竹君 . 我的一个世纪 [M]. 生活 . 读书 . 新知三联书店，2008.

第二篇

旅游集团发展论坛专文

在“2018 旅游集团发展论坛”上的致辞

中国旅游协会会长、首旅集团董事长　段　强

12 月 10 日，“2018 旅游集团发展论坛”在京举办。中国旅游协会会长、北京首都旅游集团董事长段强出席会议，并代表主办方做开幕致辞。

尊敬的雒树刚部长，

各位会员、各位同行，

大家上午好！

刚才雒部长做了主旨讲话，我们要认真学习讲话精神，在今后的工作中贯彻执行。

2018 年已经到了岁尾，连续举办了 9 届的旅游集团发展论坛，又让我们聚在了一起，回顾过去，展望未来。本届论坛的主题是“社会责任：文旅融合时代的担当与作为”，我们将总结交流旅游企业在践行社会责任、融入国家战略、推进文化和旅游融合发展等方面取得的成就，探讨研究发展趋势和面临的挑战。在此，我代表中国旅游协会向大家的到来表示最热烈的欢迎和衷心的感谢。

2018 注定要载入文化和旅游业的历史，两个和人民的幸福生活息息相关的行业，高度融合迈入新时代。文化和旅游所面临的是，我国经济已由高速增长阶段转向高质量发展阶段，深入推进供给侧结构性改革，加快推动经济发展的转型升级。文化和旅游的新任务新课题，是在中国经济增长向消费主导型转变中，要着力解决好文旅发展中不平衡不充分的问题，持续提高服务供给的质量和效益，满足人民对美好生活的向往。

“读万卷书，行万里路”，应该是文化和旅游的最好注解。文化正成为国家核心竞争力的重要因素，旅游则是很多人的生活方式了。文化是灵魂，旅游是载体，用文化的理念发展旅游，用旅游的方式传播文化，已经成为行业的共识。

当今国人的足迹遍布五湖四海，以旅游为载体和平台开展文化交流活动，不仅可以促进文化旅游产业的发展，而且推动着中国文化走向世界，提升中国在国际上的影响力。

2018 年是全面贯彻党的十九大精神的开局之年，是改革开放 40 周年，是决胜全面建成小康社会的关键之年。党的十九大报告指出，要推进诚信建设和资源服务制度化，强化社会责任意识、规则意识、奉献意识，这为我们广大企业积极承担社会责任指明了时代的方向，提出了时代的要求。越来越多的旅游企业加入到积极履行社会责任的队伍中，选择携手公益，实现企业的可持续增长，力求为社会创造更多共享价值。

文旅企业重视社会责任，提高企业社会声誉、践行新发展理念，是实现旅游强国梦的必然要求。建设旅游强国，一定要有众多强大的旅游企业，旅游企业要想做强，一定要不断推出受人民群众喜闻乐见的产品，体现企业的担当。

今年 7 月，中国旅游协会在全国范围内推出了征集旅游产品创意案例的活动，共收到了企业自荐或推荐的 144 个创新创意案例，其中故宫等 10 个案例在实现文旅融合、传播中华文化、将高新技术应用到旅游产品以及持之以恒地践行“用心服务”等方面更加突出。十几天前，中国旅游协会向旅游行业发出了推介故宫博物院等旅游产品创意案例的决定，号召广大旅游企业要有强烈的市场意识，优秀的专业素养和杰出的工匠精神，以更大的热情和发奋的努力持续推进旅游行业的供给侧改革，打造出更多更好的旅游产品，满足人民对美好生活的需要。

我们每一个文旅企业，都是生活方式的提供商，承担着环境保护和文化多样性建设，以及用文化和旅游向世界讲好中国故事的重任。因此，我们要时刻保持市场敏感，追赶时代的步伐，不断创新商业模式，提升国际视野，促进跨界合作，主动拥抱新技术，迎接文旅融合发展的更加美好的明天。

谢谢！

关于旅游集团文旅融合发展的思考

中国旅游集团有限公司董事、总经理　杜　江

12 月 10 日，“2018 旅游集团发展论坛”在京举办。中国旅游集团董事、总经理杜江同志出席会议，并就旅游集团文旅融合发展发表演讲。

尊敬的雒部长，

尊敬的段会长，

各位业界同仁，

大家上午好！

今天站在这个台上，有许多感慨。遥想 2009 年，为推动我国旅游产业的集团化发展，我在原国家旅游局工作期间，支持分管的中国旅游研究院和中国旅游协会，一个研究机构，一个行业组织，联合创办了这个论坛，每年发布旅游集团发展报告，分析旅游集团发展环境、未来前景和努力方向，向政府建言献策，并发布旅游集团 20 强名单。十年耕耘，十年收获，我们高兴地看到，今天的旅游集团发展论坛已经成为旅游业界共同期盼的盛会和行业发展的风向标！

大家知道，根据组织决定，我于十月中旬赴中国旅游集团工作，目前还在调研、熟悉和学习过程中。时间虽短，但我已经感觉到站在政府部门看企业和站在企业做市场，情形是大不相同的。根据论坛安排，我就旅游集团文旅融合发展谈几点初步想法，向领导和同志们请教。

改革开放四十年是我国旅游市场从入境到入出境和国内旅游全面发展的四十年，是旅游产业从无到有、从小到大的四十年，也是从旅游资源大国到旅游大国的四十年。在这个波澜壮阔的历史进程中，旅游企业特别是旅游集团一直在积极地发挥作用，推动行业创新与发展。今天，旅游业进入大众旅游新时代和文旅融合新阶段，这为旅游产业带来了全新的机遇和挑战。发展方式上，

产业边界不断突破，产业要素不断聚合，产业整合与融合成为现实格局；发展动力上，正从资源和要素驱动转向科技创新驱动，以适应消费迭代和产业升级的现实要求；地域空间上，广大中西部地区和乡村正成为旅游投资和产业发展的主战场，“一带一路”、京津冀协同发展、长江经济带和粤港澳大湾区等国家战略极大地拓展了旅游企业的战略空间。此外，尤为值得关注的是，分享住宿、共享交通、人工智能和大数据等新科技、新业态和新模式正改变着旅游业的既有发展方式和产业格局。面对新的形势，我们要研究文旅融合的现实要求，也要研究旅游市场演化和旅游产业发展的深层次问题，对不适应企业创新战略需要的组织模式和经营方式要深改、快改，对有助于强健旅游集团竞争优势的新理念、新科技、新模式、新项目和新产品，要及时引进、吸收和消化。

正如雒部长所指出的那样，旅游集团要做文旅融合的实践者、创新者和参与者，真正做到“宜融则融、能融尽融；以文兴旅、以旅促文”，这些指导思想应当成为我们行动的指南，也一定能够成为旅游集团发展的新思维和新动力。

新阶段的旅游集团要高度重视自身文化软实力建设，使文化成为集团创新发展的第一推动力。我们要深入学习习近平新时代中国特色社会主义思想，特别是总书记关于文化事业、文化产业和旅游业的一系列重要论述，以高度的思想认同、理论自觉和道路自信指导旅游集团发展战略和发展方向。旅游集团要成为有文化底蕴的企业，就要不断提升企业员工特别是中高级管理人员的人文素养，让文化内化于旅游集团的各个方面和各个环节。

新阶段的旅游集团要善于用文化创造需求、引领消费、提供高品质的产品和服务。任何时候，产品创新、品质提升、市场拓展等，都是旅游企业发展的主线。其中，服务品质是企业永恒的主题。我们必须清醒地认识到，没有广大游客的认同与满意，企业就会失去生存基础与发展前提。针对当前消费升级和消费分级并存的历史机遇，悉心研究消费者偏好，关注广大游客新需求，研发高品质的新项目、新产品，重构国民大众对旅游产业的信任和对旅游从业人员的尊重，已成为旅游业界刻不容缓的现实课题。为此，旅游集团要善于通过挖掘和运用优秀的文化来提高产品和服务的品位，从源头上构建旅游产业的品质基础。

在这个分化、融合和重构交织的时代，旅游集团还要根据自身的资源、能力和文化取向，加强产业链的生态系统建设，实施空间上的集群化发展以及组织内部的资源整合和协同发展。当然，每个旅游集团所处的发展阶段、内部条件和外部环境是不同的，有的适合采用资本运作的模式，有的适合经营驱动的模式，有的适合走相关多元化的模式，不能强求一致，但企业的文化取向无疑是影响文化旅游集团发展路径选择的重要因素，希望大家多交流，多合作，相互学习，共同成长。

女士们、先生们，

旅游业是传承经典、守护价值的传统产业，也是与时俱进、不断创新的现代服务业。作为以旅游为主业、相关多元化发展、国际化成长的综合性旅游集团和央企中旅游产业的代表，中国旅游集团有义务，也有能力自觉践行文旅融合发展的要求和社会责任，坚决落实中央决定以及文化和旅游部、国务院国资委的各项工作部署，努力做好示范带头作用。与此同时，中国旅游集团也愿意与业界同仁、专家学者、媒体朋友多交流、多学习，向政府主管部委和各地业务领导多汇报，多沟通，为实现新阶段文化和旅游的融合发展而共同努力。

谢谢！

坚持做中国文旅产业的领跑者

华侨城集团有限公司董事、总经理　姚　军

尊敬的雒部长，

段会长，

尊敬的各位旅游界的同仁，

媒体朋友们，

大家上午好。

非常高兴，也非常荣幸本次论坛在这里安排我代表华侨城集团，就文化、旅游产业融合的重要课题，跟大家做交流和分享。本次论坛的主题是“社会责任：文旅融合时代的担当与作为”。从十八大明确“建设文化强国”，到十九大强调要“坚定文化自信”，都充分彰显了文化在国民经济与社会发展中的重要地位。习近平总书记特别强调，道路自信、理论自信、制度自信，归根结底是文化自信，文化自信是更基础、更广泛、更深厚的自信。

今年年初，国家新组建文化和旅游部，文旅融合上升到国家战略新高度。在“宜融则融，能融尽融”工作理念的引领下，文旅融合发展的全新时代已经到来，文化旅游产业欣欣向荣、繁荣发展。文旅融合成为建立社会主义文化强国、培育社会主义核心价值观的关键路径；成为推动文化走出去战略、提升国家文化软实力和中华文化影响力的重要手段；成为幸福中国、满足人民美好生活追求的最佳代表。作为企业经营主体，我们备受鼓舞，同时也倍感使命光荣、责任重大。

作为诞生和成长于改革开放前沿的中央企业，华侨城立足深圳，放眼全国，在建设之初就在持续践行文化和旅游融合发展的战略，持续为人民群众提供高品质的文化旅游产品。在33年的发展历程中，我们在不断升级文旅融合的产品类型、持续创新以文化旅游为核心的发展模式，并推动企业在改革开放的时代红利下不断做强做优做大。但与此同时，我们在开发过程中，也注意到文旅融合存在着一些需要行业共同关注的矛盾与问题。

一是随着社会经济的快速发展，“消费大众化、升级化”“需求多元化、品质化”的发展趋势，使人们的文化旅游需求与当前的产品类型不相匹配。

二是文旅产品投资规模大、回收周期长，如何在追求企业效益和打造高质量文旅产品上寻找突破，形成具有核心竞争力的商业模式。

三是在文旅融合的时代背景下，如何进一步深入挖掘、保护、传承和发扬民族文化，更好地展现文化精髓，承担起时代赋予旅游的新使命。同时，有效避免特色不足、内容低俗和伪文化现象的出现。

四是如何扩展产业边界，利用各项新技术，提升现有文旅产品的呈现方式与体验模式。

这些矛盾与问题是华侨城一直关注和研究的，也是在文旅融合国家战略中，旅游企业需要一起探索和突破的。华侨城集团不断用创新和实践，践行央企的责任与担当。实践证明，华侨城以文化旅游为核心的发展新战略、新模式推动了华侨城集团文化旅游业务实现跨越式发展。具体包括以下几个方面。

（一）战略引领，坚定文化旅游战略方向

企业战略是明确企业发展方向、决定企业经营成败的关键因素。在深刻理解和把握国家战略、产业战略、国企改革的大趋势下，华侨城总结 30 多年发展经验及自身产业优势，结合国家发展战略，在 2017 年初确立了新的发展战略。新战略进一步坚定了文化旅游核心主业，围绕“中国文化产业领跑者、中国全域旅游示范者、中国新型城镇化引领者”的战略目标，构建“文化 + 旅游 + 城镇化”和“旅游 + 互联网 + 金融”创新发展模式，形成特色发展之路，实现可持续发展。

“文化 + 旅游 + 城镇化”“旅游 + 互联网 + 金融”两大创新发展模式，不仅是对华侨城产业组合模式和整体发展盈利模式的创新，也不断推动华侨城在产融结合的升级驱动下，通过广泛连接市场要素和资本要素，有效放大国有资本的主体功能，提升国有资本运营质量。

在新战略引领下，华侨城集团以文化旅游为核心，不断做强做优做大文化旅游产业生态圈，形成产业发展的核心竞争力和影响力。近年来，华侨城战略入股同程旅游，与万科、华夏幸福等建立产业联盟，与巅峰智业、深大智能、王府井集团等各类企业、实业合作，做强产业发展力量，并整合行业资源，华侨城与22家国内外知名策划、规划、景观、建筑设计团队组建了华侨城规划策划联盟，搭建产业高端智库。

2017年，华侨城集团效益位列央企前20位，收入和利润增速位列央企前10名，连续6年位居全球主题公园集团四强，亚洲第一。2018年，已布局全国50余座城市，游客接待总量已超过4亿人次。

（二）文化领先，弘扬社会主义核心价值观

文化是旅游的灵魂，旅游是文化的重要载体。华侨城立足文化领先，坚持弘扬与发扬社会主义核心价值观，用旅游对文化内核进行有形化、娱乐化的鲜活演绎，弘扬民族传统文化，增强文化自信。

华侨城是国家首批文化产业示范基地，连续多年获得“全国文化企业30强”荣誉称号。从1989年建成中国首座主题公园“锦绣中华”，到世界之窗、欢乐谷、东部华侨城、欢乐海岸等一系列文化旅游创新产品，再到今天的文化特色小镇，华侨城文化旅游产业的成功发展路径，就是在旅游形态中赋予文化内涵，通过文化再造展现旅游魅力。

除了主题景区外，文化酒店、文化演艺、文化创意、文化节庆、文化艺术等多板块共同构成了华侨城文化产业集群。文化演艺方面，我们累计推出了近70台大中型原创演出剧目，剧场及表演场地整体规模全国最大，建设大型文化场馆二十余座，观演观众超过1亿人次。大型文化演艺《跨世纪》、《金面王朝》、《龙凤舞中华》等剧目荣获国际游乐园协会（IAAPA）最佳演出奖，享有国际盛誉；文化节庆方面，作为“中国文化产业的领跑者”，华侨城每年都依托旗下大量的旅游景点、景区和文化旅游设施，开展系列节庆活动，如世界之窗国际啤酒节、民俗文化村泼水节、全国各个欢乐谷的国际魔术节等，范围遍布全国各地、数量达数百余场。

今年恰逢改革开放四十周年，华侨城首次整合旗下100多家文化旅游企业，覆盖近50座城市，举办了规模盛大的“2018华侨城文化旅游节”，为全国各地的游客提供了超过200项跨时间、跨空间、跨业态的文化娱乐体验，获得市场高度反响与认可。

（三）创新发展，持续提升产业核心竞争力

新时代里唯奋斗者进，唯创新者强。华侨城将创新视为企业发展的动力，通过不断进行机制创新、科技创新、文化创新，以提升产业竞争力。

一是，通过体制创新促进协同发展、资源共享。我们在全国成立了各区域集团公司、及文化旅游业务的专业公司，强化分工协作，提高资源获取、项目建设与运营等方面的效率。同时，积极推进混改，通过央地联合、广泛与民企联合，推动混改来实现优势互补、强强联合。2017 年，华侨城成功完成对云南省世博集团和云南省文投集团两家省属企业的控股和战略重组，把华侨城的管理优势、品牌优势、专业优势，同云南国企的资源优势、平台优势、团队优势有机整合，我们与中建、中铁、中冶、中铁建等央企共同携手促进云南旅游向"高端化、国际化、特色化"转型升级。

今年 7 月，华侨城启动了"云南大会战"，召集旗下遍布全国的各区域公司、专业公司，举全集团的力量，为云南文化旅游破题。"云南大会战"通过多个投资项目落地，为全面提升云南旅游的"核心竞争力"提供了重要实践经验。

二是，搭建了以科技创新为核心、文化旅游产业为应用方向的数字化娱乐平台——华侨城文旅科技公司，完善文旅产业链条。文旅科技通过在技术上持续创新和突破，在游乐设备、衍生品拓展、动漫和互联网的创新研发等，为华侨城文化旅游的发展提供有力的技术支持和保障。华侨城自主研发的游乐设备和技术已经输出到美国、土耳其、越南、印尼等多个国家和地区。

三是，突出文化创新，强化内容集成。我们成立华侨城文化集团，持续在文化和创意产业上发力，致力于打造提升产业发展的内容制造商和集成商。华侨城文化集团结合对客家文化的深刻理解，在深圳龙岗区甘坑村开创 IP Town 特色小镇模式，甘坑成为文化特色小镇的首批 8 家中国文化旅游融合先导区试点单位之一，打造了首部中国文化 IP+VR 电影《小凉帽之白鹭归来》获得威尼斯电影节金狮奖两项大奖。我们还与国内原创 IP"饼干警长"合作，在欢乐谷公园打造"甜品王国"项目，备受家庭亲子市场欢迎。2018 年，华侨城投资入股盛大游戏，探索将深受市场追捧的线上 IP 与线下文化旅游产业的有效结合与互动。

（四）积极响应国家"一带一路"倡议，提升文化软实力

在"一带一路"倡议引领下，华侨城积极在旅游资源丰富的云南、海南等积极布局，加速实施"走出去"战略，并推动云南与南亚、东南亚国家文化旅游资源共享、市场共拓、信息互通和客源互送，形成特色化的发展优势，促进共同发展，实现互利共赢。

澜湄合作是我国重点投入和打造的周边合作平台。澜湄合作是对习近平总书记提出的构建周边命运共同体的具体实践，也是共商共建共享"一带一路"

的重要平台。华侨城充分发挥自身文化旅游产业的优势，积极输出文化旅游项目，通过文旅合作促进经济、社会合作交流，为国家命运共同体建设提供持续动力。

华侨城旗下云南文投集团打造的大型舞蹈史诗剧《吴哥的微笑》被中央6部委授予文化“走出去”重点项目。迄今为止，《吴哥的微笑》演出场次达3000余场，被柬埔寨政府授予“柬埔寨旅游特殊贡献奖”，已成为中柬文化交流的重要桥梁。2018年，华侨城积极参与“澜湄合作论坛”，主办“澜湄合作·云南文化旅游产业发展论坛”，并先后启动中柬文化创意园项目、中越国际运输河口旅游客运枢纽站项目，开通昆曼大通道旅游客运车辆项目、个旧—沙巴不定期国际旅客运输项目两项跨境旅游交通业务，促进文化旅游联动发展。

今年是改革开放40周年，华侨城集团也刚刚度过了33岁生日。站在新的历史起点，华侨城集团将一如既往坚持文化旅游产业初心。刚才雒部长做了重要讲话，进一步给我们文化和旅游行业，给文化旅游企业集团的发展明确提出了努力方向和发展要求，在国家发展战略指引下，在国家文化和旅游部的领导和支持下，我们将继续执着、积极地探索文化旅游融合的成功发展路径，自觉承担中国文旅企业集团的行业责任，全心全意地为人民群众美好生活的追求与向往做出我们应尽的担当与作为。

旅游企业创新与文化传承

开元旅业集团创始人　陈妙林

尊敬的雒部长，

段会长，

各位嘉宾，

上午好！

首先欢迎大家来到开元旗下的歌华开元大酒店，这家酒店设备设施已经比较老了，非常抱歉，不当之处希望大家多多包涵。

我们开元旅业是一家旅游招待所起步的民营旅游业，目前我们集团已经拥有280多亿总资产，从2000年开始转制成为民营企业以来，我们只不过19年的时间。在这19年的时间当中，截至目前，总共为国家纳税89亿元。开元集团旗下的酒店和其他的产业一共有三个板块，酒店业、旅游地产、物业管理，其中两家上市公司，第三家上市公司现在正在申报当中。总结几十年的发展，我们开元旅业主要依靠业务模式和创新企业文化的传承两个方面。

首先是企业文化的传承，一个民营企业文化的传承是非常重要的，去年8月我已经满65周岁，从董事长的职务上退了下来。为什么能放心退下？有一个很重要的理念，我们要为员工提供高尚事业的舞台和体面的生活保障，我们怎么去激发员工的积极性和创造性？在当前的市场经济形势下，传统行业很难普遍提高员工的收入，但是我们可以为管理层创造股权激励模式的计划，给员工一个奋斗的目标，给员工一个可以达到的目标，我们的口号是“开元提供给员工的工资报酬也许不是最高，但开元的高速发展提供给员工的发展机会是最多的”，以此激励员工的工作积极性。举个例子，开元的股权激励计划，上面大股东是我，高管团队占14.79%，组建开元旅业集团。下面是开元酒店集团外部投资人和管理层，管理层占14.43%，开元旅业集团占59%。房地产公司开元旅业占58%，管理层占

15% 的股份，物业管理公司集团占 54% 的股份，管理层占 40.3% 的股份，外部投资人占 5.7%，这样一个股权设置架构，我交给的不是一个人而是管理的团队。与此同时，给员工提供激励计划，到总经理层你就可以拥有我们的开元股权，由此调动员工的积极性。开元这么多年下来，员工流动率应该说还是比较高的，大概占了 32%，但是已经大大低于整个行业中 48% 的水平。我们的管理层几乎没有什么大的变动，因为他拥有股权激励计划当中的一部分。我们把管理团队的长效积极性调动起来，把“要他干”变成“我要干”，开元团队是最稳定的。去年我可以安安稳稳退下来，干我自己喜欢干的事情，从一年多下来的实践证明，他们其实干得比我好，因为他们还年轻，拥有更高的文化层次和更高的战略目标。

第二，企业的经营创新模式，特别是旅游企业的创新，我们是离不开文化的门槛。旅游企业如何进入到文化企业，早在 2006 年，我们的总部在萧山，萧山有一个歌剧院，这个歌剧院政府长期经营亏损，设施设备非常好，交给我们以后，运营 3 年取得良好的成效，不但每年公益演出达到 40 多场，而且经营性的演出也达到 40 多场，取得较好的经济效益和社会效益。为此，2006 年新华社浙江分社写了一个内参，当时习近平总书记在浙江担任书记，他在新华社的内参上面批了几个字，批给文化厅的厅长，他说:“我省的硬件条件比较好，但歌剧院如何经营好是普遍存在的问题，要探索新路，把我们的文化设施交给企业办是一个好办法。”因此，我们剧院一直经营到现在都非常好，当时文化厅厅长专门找我们商量全省的文化设施如何交给企业管理的问题，讨论 3 个月以后文化厅厅长调任，没多久总书记也调任，这个事情没有做下去。我认为如果继续做下去的话，这是一个很好的办法。

这些年我们做了文化的尝试，把古村落开发成古民居的文化酒店。如绍兴大禹酒店，所在村落具有四千多年的文化历史，大禹死于绍兴会稽山。后代人为了给他守陵，形成古村落，大禹的后代有 76 个姓，这个村落人全部姓姒，姒是大禹的古姓；还有大禹博物馆。政府为了开发旅游把老百姓全部迁走，搞成一个古民居景区。由于规模不够大，以及种种原因，经营不下去关了几年，我们把它改造成古民居的酒店，我们取名开元观堂酒店。由于经营得非常好，后来我们又进行了二期扩建。

宁波十七房开元观堂酒店，也是世界著名的船王包月刚的出生地，是战国时期郑国国公第 17 个儿子南迁到宁波定居，两千多年历史文化的古村落，我们也改成观堂酒店。

盐官古城开元观堂酒店，传说乾隆皇帝的出生地就在这个地方，是真是假不知道。这个地方也是金庸的出生地。

这个模式原来都是政府开发的，由于经营不善，我们改造成酒店，不是单纯的住宿酒店，还要把文化传承下来。这些古村落几年来都收到了良好的经济效益，现在绍兴大禹和宁波十七房都在扩建二期，古民居酒店有一个好处就是文化，但是舒适性不强、配套不够，会议设施、游乐设施配套不够，我们扩建二期，解决了这些问题，同时经济效益比较好。在 30 亩土地上扩建经营了一年，营业收入已经翻番，经济效益也翻倍，也算是我们的一种文化创新。

创新休闲度假新模式，打造休闲度假多层次多元化的服务模式。中国不缺高端的度假酒店，也不缺近几年新兴起的民宿酒店，中国的民宿酒店丰富多彩，但是民宿酒店业有很大的问题，一个是环保问题，浙江是民宿做得比较好的省份，我是浙江旅游协会的会长，我们也做过一个统计。尽管浙江经济条件比较好，但是还有 80% 的民宿排污没有纳过来，会出现今后像洱海一样的情况，5000 家民宿全部关掉。现在政府在大力提倡做民宿的同时也不断提醒，要解决排污问题。农民居住在民宿里面问题不是很大，人流量有限，但是一改成民宿以后人流量大量增加，几倍增加，在这样的情况下你的排污有大问题。民宿的消防也有大问题，民宿大部分都是木结构的建筑，很容易发生火灾。同时，大部分的民宿交通存在问题，消防车比较难开进去。

针对这些情况我们做了类民宿酒店，取名开元芳草地乡村酒店。芳草地乡村酒店卖的不是奢华的客房，而是环境、空气，看着像民宿，规模也不大，两百个房间左右，配套设施也比较齐全，但是解决消防问题，解决排污问题。目前已经做了两家这种类型的酒店，一个开业 3 年，一个开业一年半，基本上六至七年可以收回投资，这是我们投资高端的度假酒店远远达不到的标准。它的每间客房投资只要 65 万 ~85 万，高星级的度假酒店每间客房起码投资 120 万 ~150 万。这些客房不但很受欢迎，平均房价到了周末能卖到两千多，平时卖到八九百，平均房价卖到一千二，取得良好的效果，这个也是我们的一种经营上的创新。

下面会做一些主题乐园和酒店相结合的产品，在杭州开发的森泊度假乐园，在风景比较好的地方，主题公园旁边配套一些小的类似芳草地度假项目，相信开展之后会取得比较好的经济效益和社会效益，成为中国度假酒店的一种新的产品。这种产品的实践还有待于进一步证明，相信这种产品一定会广受市场欢迎。

最后，谢谢给我这次机会，谢谢雒部长！

文旅融合时代的动漫新市场与新机遇

中国动漫集团党委书记、董事长　庹祖海

尊敬的雒树刚部长，

段强会长，

大家上午好！

受中国旅游研究院戴斌院长的邀请，很荣幸作为文化创意企业的代表，参加2018旅游集团发展论坛这个高规格、专业的旅游行业盛会，可见融合发展产生的共赢效应！

首先我想给旅游业同仁介绍一下中国动漫集团的情况。中国动漫集团是文化和旅游部直属的动漫央企。我们以“服务动漫产业、普及动漫文化”为使命，搭建包括创意研发、技术平台、智库咨询、会展服务、海外推广等在内的动漫产业关键节点的服务平台。近年来我们以“中国卡通形象营销大会”为抓手，大力推动卡通形象营销理念和大动漫观，用动漫的方式助推实体经济各领域的品牌打造与宣传推广。今年在文化和旅游部组建的大背景下，我们重新进行了战略定位，已经把动漫＋旅游当成未来的业务主线。

文化与旅游融合，从文化企业角度讲，就是要把为旅游提供高品质文化产品作为责任担当，把扩大旅游文化消费作为新的业务增长点。这一点在演出与旅游融合方面成绩斐然，从最初深圳世界之窗和锦绣中华引进外国和地方“土风”团队驻场演出，到“印象”系列、“千古情”系列和“又见”系列，将文化与市场、艺术与科技进行创新融合，值得借鉴。

面对网络化数字化日益普及的新时代，在发展全域旅游和优质旅游的形势下，作为新兴文化业态的动漫与旅游融合，将为我们带来哪些增量价值？

一是用动漫故事可以让旅游形象更具特色内涵和深远影响，改进旅游文化产品供给。许多影视剧的案例已经证明了这一点，从《五朵金花》《庐山恋》，到《少林寺》和《乔家大院》，旅游品牌就此形成或提升。正像刚才华侨城姚军总讲的，动漫不仅可以做得到，而且想象和创意空间更大。江苏省镇江市通过打造彰显镇江风土人情的《水漫金山》系列动画片，让白蛇传的故事成为镇江的旅游故事。太湖拈花湾中的小沙弥、莲蓬哥哥、莲花姐姐三个卡通形象，将深奥的禅意趣化为生活的爱意。据我所知，山东崂山、重庆仙女山等等地也都在策划打造动漫内容产品。刚才座谈会上，蜗牛景区管理集团董事长徐挺就提出了希望向景区注入文化资源并转化的问题。可以说，动漫 IP 已经成为未来旅游文化价值打造的标配。

二是用动漫手段可以让旅游品牌传播更具创意和亲和力。做得最好的就是故宫博物院，这里就不多讲了。这里举一个例子，知名漫画家阿乐绘制《13 天云南悠游记》的旅游绘本，将云南特色风土人情跃然纸上。动漫独特而富有魅力的想象力让其拥有比真人、实景更加巨大的感召力。

三是用动漫的粉丝号召力可以产生更加强大的商业价值。动漫延展性很强的长产业链为丰富旅游业形式和文化内涵提供了多向选择。迪士尼已经众所周知，我们还经常听到中国的年轻人去日本东京秋叶原、熊本县去旅游，因为那里的动漫深深吸引了他们。去年上映的动画电影《寻梦环游记》被誉为皮克斯写给墨西哥的一封情书，它让无数观众对墨西哥亡灵节心生向往，也带火了墨西哥小城镇帕拉乔的旅游。

总的来看，动漫与旅游的结合，是一种长尾性的消费与即时性的消费的结合，是一种富有深度的消费与富有效率的消费的结合，更是一种轻资产与重资产的结合。旅游景区和企业应该配置一些动漫类的文化资源，增强发展的多样性和活力。动漫企业也可以参与一些旅游的重资产，增强发展的稳定性和后劲。

下面我想讲讲中国动漫集团可以给旅游企业提供哪些服务以及合作项目。

我们可以提供动漫方面全方位、一站式的服务，可以说找到我们，就找到了中国动漫的系统性资源，通过汇聚国内文化和旅游顶级专家资源的国漫智库为旅游项目进行专项策划和规划，打造独具一格的吉祥物，研发动漫宣传片和影视剧以及交互性的体验项目，通过高端会展平台进行国内外宣传推广。

目前我们正在策划动漫画家村，并准备在《二十四节气》漫画绘本的基础上开发动画片和特色小镇。我们联合河山影业为重庆武隆量身打造了宣传其喀斯特地貌特征和生态文明保护主题的动画电影，预计将于明年拍摄完成。我们联合多家机构研发的基于敦煌莫高窟的敦煌飞天 VR 产品、基于威海刘公岛的甲午海战 VR 产品都获得了市场好评。我们开创了“国漫文创”这一新品牌，广泛对接了包括河北博物院、北京自然博物馆、河南龙亭象塔小镇等在内的文博机构和旅游景区，2019 年有望进驻 20 个景区机构。这些都是我们在动漫与旅游融合发展方面的尝试。

本周末，我们和北京市文化和旅游局在国家会议中心举办第四届网络文化产业年会，其中也设置了“数字化背景下的文旅融合发展论坛”，欢迎各位光临指导！

全域旅游背景下旅游企业的创新实践

广州岭南国际企业集团有限公司总经理　张竹筠

尊敬的戴院长，

各位同仁上午好！

非常荣幸参加这次论坛，旅游集团发展论坛已经成为旅游行业一张亮丽的名片，这届大会的主题是“社会责任：文旅融合时代的担当与作为”，在中国旅游业迎来消费升级、全域旅游、文化融合的大背景下，这个主题是业界十分关心的课题。我结合岭南国际企业集团旅游发展创新实践，从四个方面与同仁做一个分享。

全域旅游旨在不断提升旅游业现代化、集约化、品质化、国际化水平，更好满足旅游市场消费需求，满足人民日益增长的美好生活的需要。旅游创新发展是重要的时代特征与永恒的主题，岭南集团以旅游、酒店、会展、食品为核心主业，以本地龙头、全球前列、国际知名为市场目标，把握“一带一路”建设，粤港澳大湾区国家战略和广州国家建设中心城市所带来的巨大商机，坚守战略，聚焦文旅融合、产业融合、产业帮扶，推动企业创新发展，勇担社会责任。

第一，以战略坚守提升作为国际旅游服务商的集成能力。努力发展具有国际竞争力的旅游服务运营商是岭南集团的战略定位，不断满足消费者对舒适出行和品质生活的需要，是岭南集团的奋斗目标。始终坚守基于这个理念下的战略管理，来驱动集团的转型升级和发展。从世界来看，这个战略是成功的，也是可持续的。在“吃住行游购娱”的六要素当中，岭南旅游业已经形成了穿透国际旅游目的地，覆盖旅游全产业链资源的集成能力。岭南旅游集团也是中国旅游研究院国家旅游创新发展的样本，我们拥有“一起行”“行走吧”两个资源集聚型的智能服务平台，广之旅品质旅游幸福生活的旗帜飘扬在大江南北和世界各地。岭南旅游业整体上市后进一步增强了战略布局、商业模式和资本运营三位一体的资源配置效率与规模发展能力。

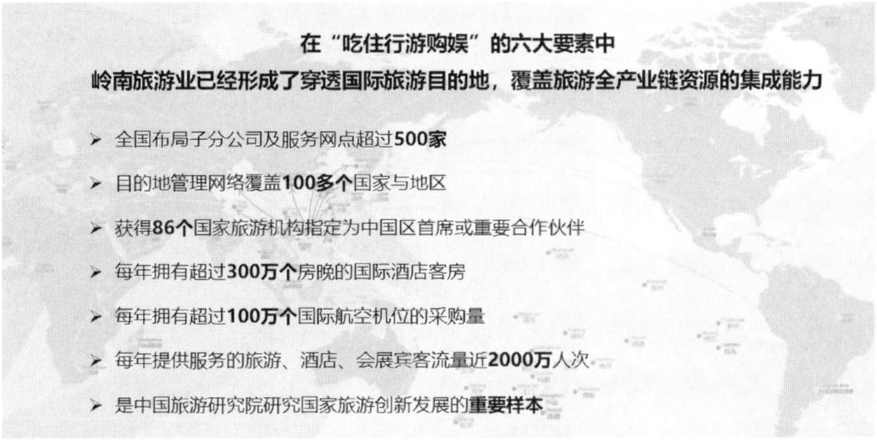

第二，文旅融合推动旅游产品和服务的创新发展。聚焦消费升级需求，提高企业对市场需求变化的灵活应对，确保旅游产品与服务的品质供给，是岭南以创新驱动高质量供给的具体实践。在消费升级和文旅深度融合的时代，我们持续推动基于旅游细分市场下的用户需求洞察，定期发布基于大数据挖掘的用户出行报告，促使企业快速响应市场需求和研发创新，提高产品走向市场的效率，从而丰富了主题化、个性化、定制化产品的精准供给和精准营销。新产品年迭代更新率达到30%，将创新、创业和创值融合的创新链落到实处。

年初在发布了全国首个团队旅游全维度服务评价体系后，中国旅游研究院与广之旅联合发布了中国首个家庭旅游需求报告，我们据此针对家庭旅游产品与服务进行升级与优化。同时发布了“2018暑假家庭旅游出游清单”，根据商业客群十大出游痛点匹配相应的旅游产品。近几天发布了《2019春节出境游趋势报告》对春节出游人群画像热门目的地、价格变化等数据进行详细解读。我们进一步实施“旅游+”经营策略，加大优质旅游产品与服务的研发、引进与合作力度。最近，岭南集团和中国第一药企广药集团形成战略合作，共同探索和践行中医健康旅游新模式，以期满足消费升级和消费者品质生活的需要。岭南集团已经形成了精准定位的可匹配用户需求的产品和服务自主研发能力。岭南5号酒店的品牌在珠江新开的旗舰店迅速在TripAdvisor跃升为区域第八位，在即将开业的十个省内外高端酒店中，为满足中产阶层偏好的金色四季酒店，度假休闲、文旅体验与生态环境等消费升级元素与精神层面的价值需求不仅得到充分体现，而且迭代速度更快。

岭居创享公寓岭、岭南星光营地获得第 13 届中国星光奖“中国最具投资价值服务公寓品牌”，标志着岭南住宿业的高起点服务公寓市场。位于粤港澳大湾区核心门户的设计酒店南沙花园酒店今年 8 月已经开业，市场反响良好。皇上皇、粤式月饼成为城市特色手信。岭南移动宴会连接天津达沃斯、广州财富论坛、博鳌论坛广州之夜、2018 世界航线发展大会，成为广府美食名副其实的城市名片。

第三，以产业融合，努力打造老城市新活力。全域旅游追求旅游品质的提升，追求的是旅游对人们生活品质提升的意义，拥有 2200 多年历史的广州是一种名副其实的老城市，以产业龙头为突破，致力讲好广州故事，传播好广州声音，全方位多角度助推广州美丽宜居花城，活力全球城市的形象。将广府嘉年华打造成城市记忆，每座城市都拥有自己独具魅力的记忆。2018 年是广府文化旅游嘉年华的十周年，经过十年发展，这个呈现“老广州、广府味、国际范”的独特运维的广府嘉年华成为融合国际化节庆、时尚休闲、互动体验元素于一体的城市节庆活动，在广州市民心中留下深刻记忆。

岭南集团将充分发挥广之旅在全球旅游目的地的资源集成优势，推动广州市北京路的商业、旅游与文化有机融合，将广府文化旅游嘉年华打造成为广州独特的城市记忆。

岭南集团积极推动与“一带一路”沿线的 64 个国家和地区的合作，目前旅游产品覆盖了 41 个，近三年的业务量年均增长超过 20%。今年 5 月与法国智奥集团携手举办被誉为国际餐饮业界奥林匹克的博古斯世界烹饪大赛亚太区选拔赛。通过高标准的高标准赛事，国际顶级的博古斯名厨晚宴、广府经典美食的岭南之夜，聚集了国际上超过 100 多位共 200 颗星的米其林名厨和国内外超过 300 家传媒云集广州，激动人心的盛事吸引了国内外名厨和美食界对食在广州这张国际城市名片前所未有的聚焦。今年 6 月岭南成功启动了与法国太阳之旅合作横跨欧亚大陆、行程超过一万四千公里的丝绸之路环保自行车赛，倡导再生能源利用和“一带一路”互联互通的国际人文交往。

岭南集团助力南沙邮轮钼钢巩固全国前列的地位，发挥岭南在产业链、供应链的聚集优势，特别是岭南餐饮与大型宴会的核心能力与规模体量，服务于广州国际美食之都的形象传播。

第四，以产业帮扶，助推乡村旅游承担企业社会责任。党的十九大首次提出实施乡村振兴战略，为新时代发展乡村旅游赋予新的使命和机遇，岭南旅游业继续深入践行乡村振兴战略，以产业帮扶+全域旅游创新旅游行业精准扶贫模式，不断提升旅游扶贫成效，持续助推美丽乡村建设，履行企业公民责任。

七年匠心研发，粤美乡村系列产品全新升级。早在2011年广之旅便推出了最美乡村系列产品，成功打造一系列具有独具特色的旅游产品，今年7月广东省政府出台了《广东省全域旅游发展实施方案》，提出打造粤美乡村旅游品牌，广大只有旅立即围绕“上山下海·广东人游乡村”大主题，重新对省内外乡村旅游目的地进行精准定位、线路规划和研发产品，粤美乡村主题一经推出即成为游客最热选的短线旅游产品之一，拉动乡村旅游线路销售同比增长3倍，居周边短线旅游销售榜首。

活化南粤古驿道，带动沿线乡村文旅发展。岭南旅游业长期深耕广东乡村旅游，将旅游产品开发与民俗文化相结合，尊重原住村民生活形态，活化历史人文素材，在粤西依托龙山、千层峰景区，把旅游线路延伸到封川古城、状元故里。在粤北，位于世界过山瑶之乡的乳源蓝山源岭南东方温泉酒店已经开业，在连州遵循环保优先原则，活化历史人文素材，实施的双精准扶贫办水村古民宅改造项目即将投入市场。广之旅以旅游穿点连线，助力中国南月古一道品牌的打造。

粤菜师傅走进美丽乡村，产业帮扶带动乡村振兴。岭南集团联合广东省旅游局率先推出粤菜是走进美丽乡村的系列活动，在肇庆封开设立了首个粤菜师傅定点培训基地，培训乡村厨师近百名，在阳江海岭岛启动万名游客进海陵，粤菜师傅在阳江行动，给阳光乡村厨师们带去粤菜师傅走进美丽乡村的课堂培训。和以阳江名优食材为主的海岛菜单等丰富内容。前不久习近平总书记视察广东提及乡村振兴工程，两次肯定粤菜师傅工程。

以上是岭南集团作为一家地方旅游集团在全域旅游的背景下推进创新实践的几点经验体会。中国旅游业过去40年的迅猛发展，得益于全面开放的格局，而广东又是走在改革开放的最前面的地区。因此，岭南集团是幸运的，我们作为从业人员是幸运的，在文旅融合的大背景下，有所担当，有所作为是我们的责任。

最后以周易当中的一句话结束我的发言，文化旅游部，讲到旅的文化从哪里开始？从《周易》开始，64卦有一卦是旅卦，旅之时，义大矣哉！岭南集团愿意同全国业界的同行趁新时代的旅游大势，高举全域旅游之义旗，勇担社会责任，再出发！

谢谢大家！

文旅目的地痛点剖析与破题

杭州市商贸旅游集团有限公司总经理　陆晓亮

很荣幸参加2018旅游集团发展论坛。杭州市商贸旅游集团从2004年开始从事旅游目的地开发。今天想和各位分享在实践中的一些感悟。

在文旅融合的时代，作为旅游目的地开发、建设和运营者，我想大部分旅企和我们一样，既憧憬又焦虑。憧憬的是在可预计的将来，文旅产业市场需求旺盛；焦虑的是，我们还面临许多问题，实实在在地困扰着我们，我想这就是所谓的痛点。

第一，是基础设施问题。目的地少在城市中心，道路、水系、植被、环境、管网、水电气基站，等等，旅游企业需要承担较高的基础设施建设成本。

第二，是公益性项目问题。文旅目的地公益性项目如博物馆、艺术中心、剧院、游客服务中心等投入大产出小，而且公益性项目运营绩效偏低。但是，这些公益性项目同时也是目的地精神气质的呈现，如果没有这些，文旅目的地就会过度商业化。

第三，是知识产权问题。文旅目的地缺乏真正的原创内容，千篇一律，照搬照抄严重，体验同质化问题较为普遍。这背后的原因，我认为是原创产品缺乏知识产权保护，尤其是服务产品。

第四，是第三方平台问题。部分业态过度依赖第三方电商平台，容易在经营中丧失主动权。

第五，是“游客、服务提供者、场景”三要素满意度问题。围绕三要素的满意度普遍偏低，比如说，游客不受重视，体验与付出不成正比；一线服务提供者不受尊重，其收入基本上处于社会最低端；场景体验感低下，缺乏美感，而且各场景之间信息孤岛严重，文旅目的地各品牌各业态之间数据不共享。

第六，是创新成本问题。消费新生代的崛起和信息技术的突飞猛进，催生了文旅产业越来越细分化发展，企业将面临越来越高的创新成本。我们看到，新的旅游线路在不断增加，但单条线路的游客数却在下降。如果不在细分领域持续保持创新，就难以适应如今消费需求变化迅速、产品快速迭代的互联网时代特征，将面临不可逆的用户流失。

我们尝试做了一些实践，寻求破题。

去年十月，我们与阿里巴巴集团签署“未来旅游目的地”战略合作协议，联合阿里云、飞猪、IOT事业群、人工智能实验室等阿里内部生态资源，旨在通过多维度的合作全面赋能旅游目的地体验和管理运营。第一期选择了“西溪天堂 + 西溪湿地”作为实践点。我们与阿里巴巴共同在西溪打造的“未来旅游目的地”项目，试图通过“西溪智慧大脑”建设，即“数据中台 + 数据大屏”产品研发，收集游客数据并实现精准营销，赋能酒店等各业态，提升宾客满意度；开发了基于高德数据地图的智慧导览，并在导览上实现了第一次植入式IP运营活动；接入了阿里云智慧园区物联网平台，启动了智能路灯、智能抄表、智能安防、智能停车等应用；启用了智慧票务。未来将持续运用这些数字技术、智能技术探讨解决问题、提升体验的方法。

我们尝试像新零售重构“人、货、场”三要素一样，用人工智能技术在一定程度上解决前面讲到的“游客、服务提供者、场景”三要素的问题。我们在酒店启用了刷脸入住、人工智能语音管家、极速开票等功能。随着智能机器人在行业的试水，我们期望能将一线服务员真正从烦琐的机械性工作中解放出来，给客人提供更高层次的情感交流服务。

未来没有线上线下之分，只有品牌和体验之别。能利用大数据、人工智能等技术重构“游客、服务提供者、场景”三要素，就能使包括酒店在内的文旅目的地运营商获得更多的经营主导空间，重塑与OTA之间的良性关系。

还有，我觉得在文旅融合的时代，传统旅企应该向互联网企业学习平台化发展思维。文旅目的地拥有丰富的产品，旅游企业要在每个产品上保持持续创新是相当困难的事。所以在运营方式上，通过平台形成圈层，运营社群，以孵化、扶持、资源倾斜等方式，促使优秀的文旅产品开发者参与创新、主导创新，吸引优秀的意见领袖加入，打造更好的体验，以这种多维利益共赢的思维方式，保持文旅目的地产品和体验始终在较高水准。

再者，企业要主动进入“颗粒度”竞争时代，打造具有高辨识度的文旅品牌。文旅行业越来越细分，这意味着企业要从根本逻辑上抛弃过去一味做大的惯性，转而向做深、做透、做精准转化。“颗粒度”既体现在技术工具，也体现在产品研发，更体现在游客画像。如何能够快速准确匹配到消费者的兴趣点，提供对的产品，变成文旅企业永恒的课题。文旅企业要主动进入“颗粒度”竞争时代，借助“生产要素精细化”和“游客偏好数据化”，实现“产品开发精准化”，从而在某一个细分领域打造高辨识度的内容和品牌。

当然，还要充分保护旅游服务行业原创产品和服务的知识产权。建议要像保护文化知识产权一样，深入研究并探讨旅游服务行业原创的产品内容，尤其是服务如何得到知识产权的保护，就像著作权一样，否则，极易造成这个行业原创精神被磨灭，产品同质化，体验单一化。

最后，汇报一下我们在实践中原创的几个项目。

一、西溪天堂。现列入浙江省“凤凰计划”名单中，我们将全力以赴实现上市目标。

二、城市之星。是杭州市最大的工业遗存保护利用项目，以国际城市博览中心为主题，是集艺术、影视、演艺、游乐、购物、酒店、会展、美食、运动等功能于一体的文旅综合体，主要包括博物馆集群（国际城市博物馆、科学艺术博物馆、高线博物馆、城市未来启迪中心、美术馆）、百老汇剧院、W 酒店。

三、中泰江南慢村。中泰乡村旅游项目是我们以打造旅游目的地为手段，解决“邻避效应”的实践；去年（2017 年）3 月 24 号的《人民日报》头版头条以“新时期群众工作新探索——杭州破题邻避效应”为标题报道了详细情况。

四、嵊泗花鸟岛。我们用了 4 年时间来进行规划布局，进行整岛开发。岛上有上百年的古村落，1870 年时任清政府海关总税务司的英国人赫德建设的花岛灯塔，被誉为“远东第一灯塔”。我们注册了“到灯塔去”项目名，将花鸟岛做一个文旅目的地。

五、衢州鹿鸣半鸟。浙江衢州在历史上是“四省通衢”的地方，历来文人墨客、商贾云集，佛堂寺庙繁荣，素有“东南阙里、南孔圣地”之称。为配合浙江省“大花园建设”行动计划，举全省之力推进大花园建设，以浙江全省为范围，以衢州市、丽水市为核心，高质量建设“诗画浙江”，加快打造“幸福美好家园、绿色发展高地、健康养生福地、生态旅游目的地”。鹿鸣半岛总占地约 1500 亩，以文化修复、景观修复、山水修复来创造文旅目的地，内容包括品牌度假酒店、地下商业综合体、文化书院、非物质遗产文化博物馆、沉浸式演出等。

六、圣地良渚。围绕良渚古城遗址，在物理上连接良渚古城遗址、良渚文化村、良渚博物馆。作为策划项目，圣地良渚旨在立足中华文明，站在开创人类未来命运共同体的高度，打造作为过去和未来共同象征的新圣地。

中国人的旅游很早熟。从李白杜甫苏轼徐霞客，到孔孟游说四海、玄奘西游、郑和下西洋……中国古人的旅行趣味总是与文艺审美、理想抱负、家国天下有关。文化和旅游，将在这个时代焕发新的生机，激发一个国家、一代人的情怀。让旅行变成美好的生活方式吧，以此共勉！

旅游集团的国际化战略

锦江国际集团有限公司副总裁　陈礼明

尊敬的戴院长，

各位业界同仁，

各位媒体朋友，

在我国文化和旅游事业融合发展的关键时期，非常荣幸代表锦江国际集团参加 2018 年旅游集团发展论坛。刚才聆听了雒部长的主旨发言，段会长的致辞以及同业大咖们在探索文旅结合方面所做的理论探索和实践创新，很受启发很受教育。根据会议主办方戴院长的安排，希望锦江讲讲酒店国际化的战略，因此，我的发言分三个部分：第一，介绍锦江国际集团的基本情况；第二，介绍锦江国际化发展战略的进程；第三，谈谈实施国际化战略的体会。

一、锦江国际集团的基本情况

锦江是具有 80 年历史的民族品牌，《2018 年中国旅游发展报告》中多次提及的董竹君女士是锦江的创始人，1935 年董竹君女士创办了锦江川菜馆、锦江茶室，在她之后锦江的传奇依然持续。1951 年，上海锦江饭店开业，先后接待了毛泽东、周总理等党和国家领导人，也是上海接待外国贵宾的主要场所，并见证了《中美联合公报》的磋商和签署。改革开放后，1984 年上海市委市政府决定成立锦江联营公司，开启了旅游业的集团化发展运营。2003 年，上海市委市政府又决定重组成立锦江国际集团，迈出国际化发展的步伐。

目前，集团拥有酒店、旅游、客运物流三大核心产业以及金融、实业等相关产业，拥有锦江酒店、锦江旅游、锦江投资和锦江股份 4 家上市公司，锦江品牌是中国驰名商标，上海市著名商标，获中国商标金奖。截至今年（2018 年）

11 月，锦江酒店规模从 2003 年重组时的 105 家发展到一万家，客房总数超过一百万间，布局从国内扩展到全球 120 个国家，海外酒店超过两千家，会员超过 1.3 亿，形成了覆盖高端、中端和经济型酒店的全系列品牌。在世界酒店集团三百强排名中，从 2003 年的 47 位上升至目前的前 5 位。

二、锦江国际化战略的进程

近十年来，锦江坚定不移实施国际化战略，坚持立足国家大局，研究国际酒店旅游集团发展规律，深耕国内、全球布局、跨国经营，努力打造具有全球竞争力的世界一流酒店集团。锦江的国际化进程主要有几个节点：

2010 年，锦江抓住美国金融危机后的市场机会，联合美国德尔集团成功收购美国州际酒店管理集团，这是当时中国旅游集团收购海外酒店集团的首例，也是中国公司收购美国纽约证交所上市公司的首例。为了履行锦江收购法国卢浮酒店集团后与州际酒店之间的不竞争策略，2016—2017 年，锦江逐步出售持有的美国州际股份。通过此次收购主要取得三大成果：第一，获得了超预期的投资收益，实现股东价值最大化；第二，实施了一百名人才培养计划，为国际化战略提供了人才储备；第三，积累了国际并购实战经验，探索了国际化的道路。

2014 年起，集团战略投资法国雅高集团，目前是法国雅高集团的单一第一大股东。我们通过战略投资和财务投资并举，实现了投资收益上亿欧元，即包括股权价值的提升和直接的分红。

2015 年，在长期跟踪的基础上，我们抓住欧洲债务危机后的难得机会，收购法国卢浮酒店 100% 股权，收购以来锦江与法国政府保持良好沟通，在巴黎设立了锦江欧洲总部，通过卢浮平台推动国际化发展，重点围绕“一带一路”

加速贯通亚欧市场。通过卢浮先后收购了印度的 Sarovar 酒店集团，这是印度第一大酒店管理公司，同时收购了法国知名的欧洲城堡酒店公司。卢浮旗下的康柏、玉兰、郁锦香、凯里亚德等品牌也陆续进入上海进入中国市场，同时，锦江积极推动中法文化交流，先后组织开展人才培训、餐饮文化交流、青年访问交流、法国主要媒体访问上海等活动，取得了良好效果。

为巩固有限服务酒店市场地位，优化国内市场布局，2016 年 2 月锦江收购了铂涛酒店集团，2016 年 7 月锦江收购了维也纳酒店集团。锦江通过推动整合充分发挥协同效益，有限服务酒店实现快速发展，效益显著提升。就锦江股份公告数据显示，前三季度公司同比盈利扣费净利润增长 37%，中端酒店规模数达到 4600 多家。

今年（2018 年）11 月，锦江又联合中东欧基金收购了丽笙酒店集团。丽笙前身是卡尔森瑞德酒店集团，成立于 1930 年，是一家全球性酒店管理公司，管理运营酒店 1100 多家，18 万家客房，覆盖五大洲超过 114 个国家，主要位于西欧、中东欧、美洲地区，品牌包括丽笙精选、丽笙、丽亭、丽铂、丽怡五个知名品牌，完成收购后，锦江进一步完善了全球中高端品牌的布局以及欧美市场的酒店布局，品牌体系实现了高端全覆盖，中高端及高端品牌房量增加约 20%，海外房量翻番。同时，进一步扩大了在“一带一路”沿线的布局，丽笙在东南亚、非洲等地布局的酒店超过 400 家，是中东欧集团最主要的酒店管理集团。

通过以上五个主要节点，锦江基本完成了酒店产业的全球布局，开启了从一家国内性公司向跨国公司重大转型的远大征程。

在这个过程中，锦江着力推进四大战略支撑：

（一）资本战略

国际并购首先要面对的问题是钱从哪里来，锦江坚持研判全球经济形势变化，统筹资本、资产、资金运作和产业经营，用少量国有资本撬动社会资本、国际资本，用境内高估值资产置换境外相对估值较低资产，优化配置全球资源，放大国资功能。

（二）品牌战略

国际化战略的目的是“锦江”民族品牌走向世界，核心是提高品牌的品质，给全球客人提供更好的服务体验。在深入梳理分类分区域发展的基础上，锦江品牌实施三大举措：

（1）对标国际水准，打造 J、岩花园、锦江、昆仑等自主高端品牌，目前国内旗舰酒店正在抓紧建设，上海中心J酒店、上海岩花园项目明年试营业，同时利用收购品牌优势资源，推动境外复合品牌落地。

（2）适应消费升级，拓展布局中端酒店。郁锦香、康柏、锦江都城、白玉兰、丽枫、泽菲、维也纳等一批2.0升级版酒店已经开业，市场反响良好。

（3）引领行业趋势，研究孵化创新品牌，按照共享、健康、环保、智能理念打造一批样板酒店，最大限度满足不同年龄层次客人的需求。

（三）创新战略

围绕整合收购资源，提升核心竞争力，锦江聚焦新业态、新技术、新模式，全力打造“一中心三平台”。其中，全球酒店创新中心在巴黎和上海设立两个总部，主要是发挥中外人才优势，融汇中西文化，推动品牌创新。

三平台主要是：

WeHotel平台，主要打造以酒店为核心的全球旅行体验互动平台，包括全球中央预订中心、全球会员中心以及由此延伸的客户数据开发中心。

全球统一采购平台，主要是推动锦江旗下所有酒店的集中统一采购，通过服务贸易促进货物贸易，降低成本，提高效益。

全球财务共享平台，主要推动锦江酒店资金统一、集中联网管理，控制风险，提高效益。

我们加快建设“一中心三平台”，最终通过商业模式的创新，努力抢占未来全球酒店产业制高点，实现可持续发展。

（四）人才战略

国际化要有一批懂国际、懂国情、懂锦江的全球人才队伍，集团统筹全球人才战略，推进“三个一批”：用好一批、培养一批、交流一批；抓好三个“一百”境外培训计划，目前已经完成两个“一百”，培训归来的年轻才子80%进入关键管理岗位，17%安排到重要岗位。收购丽笙后，正启动第三个百人计划。同时加大各品牌公司高级管理人员的双向交流，为此建立了全球酒店管理委员会。

三、实施国际化战略的主要体会

当前在全球大势发生重大变化的背景下，中国企业走出去既面临着机遇，也面临着挑战。锦江的国际化战略刚刚开始，还在进程中，需要立足新时代，适应新形势，回答新课题，主要有以下五个方面的体会：

1. 战略引领

锦江同业界同仁一样，始终怀有建成具有全球影响力和竞争力的中国酒店集团的梦想。围绕这个战略目标，我们优化资源、资产、结构布局，探索配置全球资源，参与全球竞争的新模式。这个战略一以贯之。

2. 立足主业

锦江始终围绕酒店主业发展旅游产业链，锦江做得好不好首先看酒店产业。锦江始终将资本、资源向全球酒店发展倾斜，在此基础上做好锦江旅游以及相关产业来支撑锦江酒店的全球发展。

3. 控制风险

坚持国资监管与国际惯例相结合，内部程序、外部程序依法合规，规范运作；充分考虑汇率、利率、流动性风险，特别是文化差异带来的挑战，从而努力提升我们的国际化经营水平。

4. 有效管控

国资、民资、外资、国际资本多元混合，如何发挥不同所有制的优势，我们确立了 16 字方针，即“基因不变、后台整合、优势互补、协同发展”。试行了一段时间，效果不错，但还必须根据情况和整个产业规模的扩大加以优化，使之更加有效。

5. 体现效益

企业最终必须社会效益和经济效益并举，为了形成新的商业模式、盈利模式，交易架构、整合计划是我们为未来发展赢得优势的重要方面，在整个交易架构和整合过程当中始终以提高股东价值回报为核心，追求国有资产的保值增值。

各位领导、各位同仁，锦江国际化进程刚刚开始，在座的各兄弟集团在国际化发展方面也有许多经验和探索，值得我们学习借鉴，让我们一起不忘初心，共同前行，去争取更大的进步。

谢谢大家！

探索文旅融合发展创新模式

文化和旅游部艺术发展中心副主任　孔　蓉

尊敬的各位领导，

各位来宾朋友们，

大家下午好！

我今天发言的题目是《探索文旅融合发展创新模式》。

国务院机构改革，文化和旅游部成立，标志着文化与旅游融合发展上升为国家战略层面的新思维，落实到国家战略层面的新部署，切实履行文化和旅游部新职能，大力探索文化与旅游融合发展理论研究与产业实践，成为我们广大文化和旅游系统工作者的责任与担当。中国旅游研究院举办这次年会论坛，为大家提供了一次文化和旅游行业内深入交流和探讨的机会，我有幸应戴院长的邀请发言，在此表示由衷的感谢。并诚挚希望与本系统的同行携手同行，为推动旅游和文化融合发展尽绵薄之力。

一、寻找新时代文旅融合发展的新趋势

信息时代第四次工业革命与科技变革以及经济全球化进程的加速，重构边界成为世界发展的一大趋势。中国企业争夺全球发展价值链高端的行为将成为常态，新的价值链的打造，这意味着一个新的商业模式时代的到来，将不断催生出新的行业业态，在国家新经济战略背景的部署下，传统的动能减弱需要提升改造，急需新动能的异军突起，让新旧动能结合形成混合动能，文化旅游融合发展由此上升到国家战略性思维的高度。

另一个重要趋势，世界文明的发展使一个国家的形象和实力不仅体现在政治、经济、外交上，而且越来越多地以文化软实力的方式呈现与输出，以精神

导引、价值观念、人文体验等方式来构建一个国家和民族在世界舞台上的话语体系及其持久影响力，让文化日益成为一种强大的力量引领民族国家世界。习近平总书记对此早已做过完整的阐述："文化是中华民族屹立于世界民族之林的根基，是推动国家进步发展的内生动力和精神支撑，是中华民族伟大复兴的本质所在。"因此，文化和旅游部的成立是在国际国内多重背景下，立足当前着眼长远的一个国家战略性的部署。

第三个趋势，国内市场经济正向资本经济转型，产品经济向社群经济转型，规模经济向共享经济转型，行业经济向跨界经济转型。新形势下如何落实文化产业成为国民经济支柱产业，提升文化产业发展的质量和效益，把文化旅游资源转化为产业优势和市场优势，推动中华民族优秀文化基因与当代文化发展相适应，与现代社会相协调，实现文化的创造性转化与创新性发展，这是新时代下的新挑战。2013 年我到青海省挂职文化和新闻出版厅副厅长，开始从事文旅融合发展的调查研究，结合实际工作展开思考与实践，5 年来我个人亲身经历了文旅融合所走过的一段漫长而坎坷的道路，政府主导、市场化运作是推动文化旅游融合发展的重要方向和路径。从文化 + 跨界融合，跨行业融合的角度审视，文旅融合发展的新趋势主要体现在以下五个方面：

（1）业态新创。前两次科技革命主要以物质生产的效率提高为目的，第三次科技革命则更多转向非物质生产效率的提高，其核心内容是以精神生产和物质生产的高度融合为目的，加强科技创新与文化创意的高度融合。这种创新主要表现为市场主体以新的经营方式、经营技术、经营手段来运作传统或新创业态，由此创造出新形式、新产品组合的文化旅游产业的新形态，满足不同的市场消费需求，新技术的应用在数字文化产业方面尤其突出。

（2）跨界聚合。这次文化和旅游融合创新的必经过程，在产业融合的基础上文化产业、旅游业与其他产业之间不断跨界融合，文化要素与旅游要素不断聚合对原有产业形成转型升级。一是产业的跨界，文化旅游及其关联性产业链条中某环节多个企业横向整合和上中下游不同行业合并重组的纵向整合。二是要素的聚合，主要指创意、资本、市场、人才、品牌、信息、渠道等产业内部的要素聚合创新，但这种要素不是简单的直接融合，需要借助产业的跨界来实现聚合。

（3）内容的活化。以旅游形式表现文化内涵是内容活化的精髓。这种融合表现之一是文化内容的静态活化，表现在建筑、景观、旅游纪念物等活化形态载体的呈现，二是文化内容的动态活化，表现在艺术氛围、文化活动等互动体验感的呈现，通过改变文化内容的外在形态使之生动活泼和更具能量和感染力。

（4）文化创意驱动下的产品设计，是指在文化创意的驱动下注重核心文化元素的提炼，以艺术化的美感、价值的情感化与实用的功能性相结合，从而使产品兼具人文性、美观性和生活性，其本质是文化型的旅游产品。文化创意产业在纵向上对文化产业自身的转型升级发挥作用，同时在横向与其他传统产业融合发展的过程中对传统产业的生产、销售起到画龙点睛的作用，对于产品的价值提升、产品与消费者黏性的加强、品牌的忠诚度等方面都具有很大的提升空间。

（5）强 IP 驱动。强 IP 的重要核心在于有趣、有料、有故事、有内涵、有想象空间、有出人意料而又符合情理的人性展现。文化旅游产业在 IP 孵化和培育方面具有得天独厚的优势，我们在 2017 年工作中探索将文旅特色小镇作为载体，以"IPTOWN"模式开发作为试点，推动文化、旅游融合发展。在市场品牌、衍生品开发等方面展开探索，国内 IP 授权经济尚处于摸索起步阶段，未来联合授权经济行业组织，在生产要素和产业链搭建以及商业模式方面将展开进一步的探索。

二、对文旅融合发展的实践

文化旅游的融合需要重点关注三个方面：

（1）以文化基因整合价值利益、情绪、传统作为社会创新发展的原动力，通过社会公共产品与公共服务以及社会综合创新治理体系的建设，推动物质文明与精神文明的同步发展。

（2）通过文化价值再造，提升创新经济的软动力。我国是一个文化资源与旅游资源极其丰富的国家，但是在产业发展的过程中存在产业链较短和产业价值链低端化的严重问题。文化和旅游的融合发展需要在文化资源的深度挖掘，文化与自然资源的有机融合，文化元素创意设计与衍生开发，文化旅游品牌打造，市场营销与宣传，市场与消费群体细分与重度垂直，科技运用与投融资等方面探索政产学研用一体化的创新模式。

（3）建立协同创新机制，探索文化旅游融合发展的创新行为，以文化与新经济的技术、逻辑、模式相结合而创新的文化经济产业开发，探索跨行业的融合发展，可以将一二三产联动，形成一个新的大产业生态环境与生态体系。文旅深度融合发展需要在新业态的培育、新产业的孵化、新模式的创建方面，以协同创新打破行业的条块分割与组织边界线，实现生产要素高效聚合，产业资源有机配置、市场产品研发优势与规模化的优势。因此，需要围绕文旅融合创新的关键领域和重大问题，多主体多要素共同协作，互相补充，高效配合，以协同创新的模式开展创新行为。

2017 年我们中心的主要工作重点：一是以文化部的调研课题为切入，聚焦特色小镇作为文旅融合的空间载体，探索文化旅游融合发展的新路径。二是在故宫举办了首届中国旅游文化高峰论坛，搭建文旅融合发展的理论学术研究与产业实践交流的平台。三是设计 IPTOWN 模式，选取试点单位，采取央地共建模式先行先试，通过文化部财政立项“文旅中国建设工程”项目，2018 年正式启动。

三、探索开展 IPTOWN 试点模式工作

2017 年中心成立课题调研组，通过对全国 30 多个特色小镇的考察和调研，完成了《以特色小镇建设为抓手，探索文化与空间融合的文化产业创新发展》研究，获得了 2017 年文化和旅游部系统优秀调研报告的称号，从全国近 30 个考察项目中选取深圳华侨城甘坑客家小镇作为文旅融合先导区的试点项目，以央地共建方式导入 IPTOWN 模式，中心指导，与试点单位联合开展试点创建，2019 年启动模式升级版打造，对试点项目的内容业态进行升级改造，并在原有依托深圳周边市场的基础上扩大到全国市场。对经营效果和经营数据进行持续跟踪，继续获取模式研究的市场验证支撑数据。IPTOWN 的设计思路围绕 IP 提炼、设计、开发、运营与文旅产业相结合，以文化 + 旅游 + 产业 + 空间载体四位一体的模式展开。目前试点的甘坑小镇以行政建制村形态呈现，实际的场景应用中可以拓展到城市空间的更新、景区的升级改造、产业园区改造、田园综合体建设、文化名村名镇名城建设等。2019 年我们将围绕城市更新与乡村振兴两大主题选取项目开展试点工作。

我们在试点工作中主要注意：

（1）尊重原生态的文化，保护在地生态建筑及民风民俗，传承本土文化。

（2）通过旧村落改造结合当地的文化理念对小镇的建筑风貌景观进行再造，赋予废旧村落以新生。

（3）通过对文化资源的深度挖掘与梳理提炼，以创意再生设计形成产品系列丰富的业态。

（4）通过挖掘和开发本土的文化 IP 形成高辨识度的品牌形象和代言。通过

场景规划与营造形成主题化、系统化，以体验经济、粉丝经济、授权经济、会展经济等多维度实现商业变现。

（5）构建实景＋虚构的运营发展模式，以文化 IP 为核心和龙头，通过内容开发、粉丝积累、场景化流量入口、多媒体传播与运营等系列延伸开发，实现“文化＋旅游＋产业＋空间载体”四位一体的开发模式。

四、未来的愿景规划

中心 2016 年开始部署规划相关工作，两年来得到部里和其他相关部委司局及兄弟单位的大力支持，在文化＋跨界融合方面先行先试，积累了部分经验。今年文化和旅游部成立，我们在工作思路、工作目标以及工作方式上围绕部里的新职能定位做了一定的调整。未来我们期望能与部内的兄弟单位及行业系统的单位加强联动，在战略层面上达成共识，在事业推动、产业开发两个纬度上整合资源取长补短，以协同创新的方式探索文旅融合发展新路径。

未来五年，一是以文化和旅游发展为契机，大力推动“文化＋”国家工程。二是依托财政立项文旅中国建设工程，探索体系化发展新路径新模式。文旅中国建设工程的系列工作内容主要有：文旅中国的高峰论坛、中国国际文化艺术博览会，中国文化旅游皮书系列、出版物系列、人才培养计划，文旅融合试点示范项目培育与孵化，文旅中国跨行业的专家人才智库建设，文旅中国建设项目公共服务平台建设及宣传推广，文旅特色小镇创建指南及评价标准体系建设等。

我们将以文旅融合项目建设为载体，以文旅类特色小镇建设标准为抓手，以品牌和市场主体培育为龙头，推动文旅融合发展成为经济转型升级的新动能。中华文明几千年，这是世界上最大的奇迹和最大的特色，正如习近平总书记教导，要把历史文化与现代文明融入旅游经济发展之中，使旅游成为宣传灿烂文明和现代化建设成就的窗口，成为传播科学知识和先进文化的重要阵地。华夏儿女望得见乡愁，留得住乡情，把中华民族的传承体验融入乡土人情浓厚而又现代时尚的文化旅游中，让文化自觉与文化自信凝练和浓缩于文化创新与旅游发展中。通过文化和旅游的融合发展，提升国家文化的软实力，这是我们文化和旅游行业的责任和担当。

让我们大家共同谨记不忘初心，砥砺前行。

谢谢大家！

IP 开发中的文化自信

驴妈妈集团副总裁　任国才

感谢中国旅游研究院的邀请，能有这样一个机会跟大家分享交流。

因为驴妈妈集团是一家互联网旅游企业，互联网企业最讲究时间的效率和精度，大会给我的发言时间是 10 分钟，我现在开始倒计时，我争取在 9 分钟内讲完，到了 9 分钟手机闹铃会响起。如果超时 1 分钟，我给大家发 1000 块钱的红包，大家说好不好？现在开始计时。

今天我跟大家分享的题目是“IP 开发中的文化自信”。

我的导师曾经跟我说过，旅游是中国各种行业中门槛最低的行业之一，门槛低到跟学日语差不多。在座各位应该都会说日语吧，“八格亚路”“密西密西”，是吧？！我的研究生导师在我毕业之前曾经对我说，你想在旅游行业里立足，要有所成就，最基本的要求就是“行万里路，读万卷书”。雒树刚部长和段强会长今天发言时都提到了“行万里路读万卷书”的重要性。我从业至今 17 年时间，明显感觉到，做旅游的人如果不把思维放到世界的维度，不眼观全球，如果只是就资源论资源，就地方论地方，就很难突破创新，很难做到全国一流国际领先。2012 年，我把中国每一个省份都走到了，我现在有一个未来 20 年的规划，用 10 年时间把中国每一个地级市走到，用 20 年时间把中国每一个区县市都走到。到那个时候，我可以说对中国旅游业格局和情况比较了解了，对中国旅游业和各地旅游发展就有一定的发言权了。当然了，光天天旅行考察还不行，还得进行理性思考和研究总结。

我在考察研究中发现这样的问题：熊猫是中国的，功夫是中国的，但是《功夫熊猫》是美国的。这是个案吗？不是。去过美国奥兰多的人，应该都会去迪士尼度假区。迪士尼度假区有四个主题乐园，其中有一个乐园是未来世界 EPCOT。EPCOT 里有一个中国馆，中国馆的标志是一个仿制天坛的建筑，天坛建筑的里面实际上是环幕影院。影院里的主角是谁？是李白，一位能够说流利英文的李白。李白坐着游船，从重庆一直沿江而下，最后到达上海，带着游客游览中国的大好河山。李白是中国的，长江是中国的，但是《李白游长江》（的版权）是美国迪士尼的。这是我们今天文旅行业面对的状况。

为什么美国在文化旅游行业做得这么强大？美国既没有深厚的文化资源，也没有悠久的历史，不像我们中国的陕西、河南、山西有悠久的历史。我注意到，中国正在遭遇“资源的陷阱”：文化和旅游资源越深厚的地方，创新能力越弱；越没有文化和资源的地方，创新能力越强。因为深刻意识到没有文化和资源优势，所以要学习全世界优秀的文化，整合全世界的优质资源。我们发现，美国特别善于整合全球资源和文化。迪士尼如此，梦工厂如此，环球影城也如此。众所周知，《哈利·波特》是全世界著名的书籍和电影 IP，《哈利·波特》的作者是谁？是英国作家 J.K 罗琳。美国环球影城购买了英国作家 J.K 罗琳《哈利·波特》的线下场景版权，在奥兰多环球影城冒险岛园区新建了一个主题乐园，叫作“哈利·波特魔法世界”。我前后去过三次，每次都发现哈利·波特魔法世界的排队队伍最长，而且，几乎每一个排队的游客都拿着一根魔法棒。这根魔法棒多少钱？售价 19.99 美元。我回到中国后去了义乌小商品城找我的朋友，他告诉我，魔法棒的批发价最多是 10 元人民币。由于 IP 的植入，小小的木棒实现了售价的大幅提升，冒险岛景区实现了游客量的迅猛增长。2009 年，奥兰多环球影城冒险岛园区入园人次为 594.9 万；2010 年 6 月，哈利·波特魔法世界开园，2010 年冒险岛园区全年入园人次为 764.7 万，强势增长 29%！2016 年，冒险岛入园人次为 936.2 万，比 2009 年增长 57%！

迪士尼是 IP 开发与运营方面的高手。上海迪士尼乐园开业第一年接待游客人次超过 1100 万，迪士尼乐园旁边还有两座主题酒店，分别是迪士尼乐园酒店和玩具总动员酒店。大家是否住过这两个酒店？我推荐大家一定要去住一下玩具总动员酒店，这是一家面向家庭的亲子主题酒店。驴妈妈是迪士尼乐园的战略合作伙伴，迪士尼邀请我们在 2016 年开园之初就去考察体验。大家住过这么多的酒店，有没有碰到过客房内有三双不同大小的拖鞋，有三个不同大小的牙杯？如果没有，就说明酒店对市场变化的反应比较迟钝，是在“以不变应万变”。市场在变化，产品不变，做法不变，商业模式不变，总有一天要被市场抛弃。市场要求我们必须要及时变化。变化可以从小做起，如果把标准大小的杯子换成三个不同大小的杯子，这个成本很低，如果用带有迪士尼图案的铅笔盒来装这个牙刷牙膏，铅笔盒的成本很低，可以免费让孩子带回去。孩子第二天会把铅笔盒拿到幼儿园里炫耀，勾起其他小朋友去迪士尼乐园的欲望，小朋友回家后会要求爸爸妈妈也带他（她）去迪士尼乐园游玩。赠送一个带有迪士尼图案的铅笔盒，只是几十元钱的硬成本投入，却可能带来一两千元乃至上万元的营销效果。

我很喜欢故宫。我在北京生活了 8 年，每年都要去故宫一次。昨天礼拜六，我又专程去了故宫。（我手头的）这把“朕亦甚想你”的扇子，是我昨天在故宫买的，这是故宫开发的文创产品。这个文创产品体现了故宫理念的转变，这个转变带来了巨大的经济效益和非常明显的社会效益。2015 年，故宫的文创商品销售收入超过 10 亿元，超过了故宫 1600 多万人次客流的门票收入。2017 年，故宫的文创产品销售收入超过了 15 亿元。

以上几个案例，内在都有一个关键词—— IP。IP 凝聚了几个特点：个性，情感，高品质，自带流量。IP 的本质是什么？ IP 的词根是知识产权 Intellectual Property。经济学上有一条著名的“微笑曲线”。微笑曲线的中间段是制造，两端分别是研发和品牌。微笑曲线中间段的制造附加值最低，要提高附加值，就必须向两端走，一是加大研发投入，二是加强品牌营销。微笑曲线不仅仅适合第二产业，也同样适合第三产业。中国旅游业目前总体处于微笑曲线的低端。中国旅游业要提升附加值，从价值链低端向中高端提升，首先要有知识产权意识，加强创新研发，研发成果要进行版权注册和专利申请。同时，加强旅游产品的文化内涵和品牌建设，打造中国旅游自己的 IP。

驴妈妈集团就在这样的理念下不断实践和探索。2014 年，我们在浙江安吉县策划规划、投资建设、运营管理了中国第一个野奢度假酒店——安吉帐篷客酒店。这是我们第一次做酒店，所以我们没有什么限制，没有什么套路，一切围绕着市场需求走，按照国际先进理念和思路来做。我们总投资不到六千万元，只规划设计费就花了一千多万元。很多人说规划设计没用，我们在实践中证明，规划设计水平高低，决定着旅游产品的水平高低以及未来的竞争力。安吉帐篷客的设计理念有四个关键词：“重环境、轻建筑、精布局、玩风情”，这顺应了中国中高端旅游消费者的需求。住安吉帐篷客酒店，并不是购买一张床，而是购买一个完整的假期体验，所以我们会按照为旅游者打造两三天完美假期的思路，来规划室内的活动和室外的活动。另外，关于营销，我们不做硬广（告），而是通过互联网的口碑营销传播，让住店客人和参观游客变为帐篷客的传播者，这样既省钱又有更好的口碑效应。

住帐篷客的客人都是中高端消费者，不能让他花了三千块钱就走，一定要努力让他再买一两千块钱的东西，这样才有长尾效应。我自己总结研究了一个“消费满意度理论”：游客消费越多，满意度越高。游客有钱花不出去，满意度越低。所以，我们研发推出了帐篷客的文创产品——“篷友三宝”：笋干将（笋干）、查理二世（安吉白茶）、咯咯哒星蛋（土鸡蛋），结果很多住店游客都踊跃购买，为酒店带来了很好的二销（二次销售）收入。帐篷客因此也多次上了《人民日报》，上了央视《焦点访谈》。

在安吉帐篷客等项目的成功实践后，2016 年，驴妈妈集团在全行业率先提出了 IP 战略，在集团各个板块培育和发展 IP。我们推出了驴妈妈旅游网的产品 IP——“驴客严选”，为驴妈妈会员和中国旅游消费者严选优质的旅游产品和线路。除了线上，线下我们开展了大量的实体 IP 实践，推出了“IP100 计划”，计划为中国文旅行业和各个目的地输出 100 个优质 IP，包括我们自己研发的 IP，以及我们战略合作伙伴的 IP。在河南许昌市神垕古镇，我们落户了人文主题度假酒店 IP——歌璞。在湖南张家界，我们落户了乡村度假酒店 IP——歌遥。在成都都江堰，我们落户了户外运动 IP——狐巴巴冒险乐园。另外，我们研发的亲子乐园 IP——亲密花园，集装箱酒店 IP——智慧营地，也正在陆续落户中，专门针对没有建设用地指标的地方，或者生态环境很敏感的地方，这些 IP 项目不需要建设用地指标，不破坏和影响生态环境。

马上要进入猪年了。我们研发了猪年游乐 IP——“猪逻辑小镇”，具有完整的自有知识产权，不是美国的“侏罗纪小镇”。第一个猪逻辑小镇即将在山西张壁古堡景区落户，欢迎大家春节到山西考察体验。

今年（2018 年）11 月 30 日，我们在全行业率先推出“先游后付”，我们与旅游行业最优秀的合作伙伴一起，向消费者推出“先游后付”产品和线路，消费者不用交钱先游玩，满意了再付钱，不满意可以不付钱。

洪清华董事长今年出版的著作《旅游，得 IP 者得天下》里面有几个核心观点：“文旅行业投资成功与否，不在于投资规模，而在于有没有 IP，有没有专业运营团队。缺少 IP、缺乏专业运营团队，是中国文旅行业最大的痛点。我们认为，业态是生命力，IP 是经营力，运营是生产力。”

昨天，我专门去了一趟国家博物馆，好好学习了改革开放 40 年的光辉历程。40 年的改革开放，中国不断提升发展，中国变得更加自信，其中，文化自信是习近平总书记特别强调和倡导的。展览中有一部分是关于旅游板块的，我看到了改革开放 40 年来旅游的迅猛发展，我认为，中国旅游业广大从业人员也应该有“旅游自信”，有自己的愿景和情怀。

学习国际经验，研究国际文旅 IP，发挥中国智慧，发展中国文旅 IP。这是我们的愿景和情怀，我相信各位也有这样的情怀，有这样的自信！

以上就是我的分享，不到之处，敬请各位批评指正。谢谢各位，谢谢！

海洋生态文明践行者

海昌海洋公园行政总裁　王旭光

感谢中国旅游研究院、中国旅游协会对海昌海洋公园的信任和邀请，给了我们特别切合自身利益的命题，生态文明与主题公园的发展，今天给大家分享的题目“海昌海洋公园：海洋生态文明的践行者”。

海昌海阳公园是中国最大的海洋主题公园的运营商，秉承打造中国海洋第一旅游文化休闲品牌的发展愿景。在这种愿景的前提下，大家都很清楚，珍稀

的海洋和极地生物是我们最重要的核心资产，海洋科普、海洋环保、海洋生态的关爱，人与自然的和谐发展一直是我们的初心和宗旨。在全国到目前 8 个省市完成的 11 个大型海洋公园项目的布局，包括从 2005 年开始落地的 18 个轻资产项目，我们有一个全国海洋历史教育基地，一个全国科普教育基地，一个全国野生动物保护教育基地，若干科普教育方面的基地。

从哪些方面践行海洋生态文明发展？行业交流、生物保育、科普、文化传播。海昌保持目前亚洲海洋和极地生物种群第一的数量，大概有超过十万只海洋和极地生物，其中有超过一千只大型珍稀生物，有超过一千人的专业生物保育团队，超过 20 万立方米的水体量。海昌拥有和陆生生物的种群优势，水体量这种大型硬件的优势，我们从行业交流、生物保育、生态科普、文化传播四个方面践行生态文明发展。

积极与国家大专院所参与国家级的海洋环保项目，和中国科学院水生生物研究所合作圈养濒危鲸类繁育项目，和国家海洋实验室中国水产黄海所做的海洋生物仿生学专题项目研究，完成中国第一个跟国家科研院所专项用途的海洋馆，有重要的国防意义。长江生态保护项目贯彻落实国家长江大保护计划，在今年 11 月 16 日正式开业的上海海昌海洋公园项目里面专门做了一个长江生态馆，用于长江江豚的迁徙地保护计划。

积极为海洋环境保护提供资金与技术支持，在这方面连续 6 年设立了水生野生动物海昌奖，奖励包括两院院士在内超过两百位科研人员、企业人士以及社会爱心公益人士，我们设立了海洋生物保育基金，为濒危生物提供专项资金，积极参与濒危物种长江江豚迁徙地保护计划。

我们与国际组织和专业机构积极开展合作，在科研和专业人才培育方面做了很多成就。与国际动物行为管理联盟定期做行业性的专业协会会议，包括首届世界水母大会，包括和国际水生动物医学学会在相关领域内重点推广中医药学理论和技术在水生极地哺乳动物救治方面的计划，包括积极参与各种技术沟通交流及各种期刊培训教材的编辑，在整个海洋水族领域的人才培育等方面做了很多工作。

投身海洋生物保育，做海洋主题公园核心是海洋种群的保育繁殖。随着动物保护意识的不断增强，如果没有很大的种群基础，并且具备基于种群基础的保育和环境技术能力，做一个全国连锁性的持续发展的海洋主题运营商是难以维系的，我们注重这方面的技术和经验积累。2005 年到现在，我们繁育了全世界最大的南北海狮超过100只，在帝企鹅和北极熊最珍稀的极地和海洋哺乳动物生物繁殖技术方面保持世界第一，繁殖数量也是世界第一。专业的捕获机构一只帝企鹅超过20万美金，一只北极熊的价格超过300万美金。对斑海豹在渤海湾流域进行繁殖的国家级保护，斑海豹必须在浮冰上产卵，由于气候变化，整个繁殖的基础出现问题，斑海豹需要大量的救助。我们是全国最大的斑海豹救助机构，实现了很多海洋生物繁育的第一。

海洋生态科普，做海洋主题公园是以海洋为核心概念，以产品理念来打造海洋文旅创新新兴体验，从海洋生物到海洋生境的全方位海洋呈现，从海洋馆到海洋休闲娱乐的全业态产品布局，从传统陈列到创新五感的高深度海洋体验。我们做了嵌入布局的10个单品小品类，包括宠物乐园、家庭娱乐中心都是以海洋概念为核心的，包括贝壳馆、水母馆。海洋主题的文旅综合体150~300亩，还有大型海洋主题文旅独家综合体400~600亩，围绕海洋保护也做了一些科普活动。

海洋科普展示。以上海项目为例，11月16日正式开园，定位世界级旗舰式第五代海洋公园。在海洋公园发达的欧美国家已经40年没有建新的公园，而我们把它建成世界一流的。第三方专业机构评价，目前我们具备非常好的基础。对海洋生态的科普展示形式，金沙馆的水体展示，7米高35米宽，传统的展示梯度倾角7度，这样对游客的展示有非常强烈的视觉冲击力。360度帝企鹅的展示，像一个企鹅超级板一样，可以360度全方位来观看帝企鹅的生活习性。从上到下展示，也是世界首创。这里面涉及压克力玻璃热容量的处理。

11月16日，我们首次做了虎鲸科普展示，当时我们很慎重，大家对虎鲸充满热爱，展示之后在一些自媒体平台上得到了关注和议论。讨论对虎鲸的圈养，我们提供接近自然的环境，刚才提到斑海豹包括大型的极地环境，人工环境接近于自然但是不能替代自然，这是技术标准上极近自然。关于表演，大家认为传统的表演是什么？怎么讲清楚这个理念是什么。在毫无压力之下与人的互动，哺乳动物的习性都相当于5~12岁小孩子的智商，都有玩的天性。接近自然环境下，在毫无压力下与人的互动。遵从这两个理念，我们做了虎鲸科普秀。虎鲸最适宜的水温17~21度，饲养员一定要高17度，虽然穿着潜水服，可是17度的体感对人而言很难受，但不会照顾人放到21度，这就是大家未必了解的方面，在这里给大家做一个宣讲。

北极狼来了几天正是换毛期，看起来好像得皮肤病，很多游客说，有病了。

旁边我们就立了一个科普的标识，脱毛换毛期。包括我们做360度双球幕的天幕影院，引起市场非常大的反响，有一个完整的故事线，有清晰的故事线，运用多媒体对整个故事包装，都有一些新型科普的展示方式。在上海设立了海昌公园动物保护基金，对社会承诺每销售一张门票拿出一块钱用于海洋生物的保育。

海洋环保文化IP形象七萌团，有虎鲸、北极熊、海狮、企鹅、白鲸、鲸鲨、水母7个可爱的生物动物，有梦有爱有快乐这是我们核心的价值主张。用这个核心的IP形象开发了儿童绘本、动画、舞台剧、舞台电影，适应家庭群体，从千万家庭入手宣传环保主题。我们做了一些大型的社会公益活动，包括前面介绍水上动物保护奖，包括设立专项的保育基金，包括从2012年开始每年4月对自闭症儿童免费的定向开放日，高频音对自闭症儿童有一种辅助作用，我们长期坚持这个活动，2012年搞了“企鹅的感动—— 2012零距离南极”大型环保公益活动，每年都推出海昌小小旅行家赞助第28次南极科考船雪龙号，包括微信公众号等，对社会宣传公益科考文化的理念。

今天给大家介绍了海昌一些专业的内容，我不是专业人士。最后给大家介绍一下三亚海昌梦幻不夜城，这是我们做的第一个沉浸式海洋文化娱乐综合体，请大家关注和期待。

谢谢各位！

全球化发展的实践和思考

携程旅游集团高级副总裁 席伟航

尊敬地各位领导，

各位嘉宾，

各位旅游界的同仁

大家下午好。

非常荣幸能受邀参加今天的论坛，我今天想跟大家分享的主题是“从携程近年来国际化发展的实践，来谈谈 OTA 行业走向全球的基础和挑战”。

我跟大家分享英国爱丁堡携程中心的故事，去年也是差不多这个时候，携程在爱丁堡客服人员接到当地老太太的咨询电话，并且耐心地为她解决的一些相关行程文化，当这个对话进行第 17 分钟即将结束的时候，我们客服人员忽然听到了老太太的笑声，原来这位老太太对携程非常细致耐心的服务感到非常惊喜和激动。当英国的消费者拨打类似售后电话的时候，听到更多的都是语音提示还是经常听到的是一些听不懂的印度腔，携程爱丁堡客服人员字正腔圆的英国口音、一对一的周到的耐心的服务让她感觉到很惊喜、亲切。

一年前携程在爱丁堡建立了第一家海外呼叫中心，现在已经增加到 300 多个席位，可以为全球英语用户提供 7 × 24 小时的服务，真人高效一对一的构成，像这样的海外中心携程目前在全球已经设了 3 个，就在 10 天前，我们在日本东京的客服中心正式开业，差不多两个月前，携程韩国首尔的客服中心正式营业，这是携程在旅游服务方面快速走向全球，加快国际化步伐的一个缩影。

在此，首先想跟大家分享的是：随着互联网在中国的高速发展，中国互联网行业在很多领域已经比肩或者超越了国际的同行者，就拿携程来说，截止到今年的第三季度末，我们在过去 12 个月里面 GMV（网络总交易额）已经高达 6710 亿人民币，已经超过了一千亿美元，这个数字超过了两位世界 OTA 的巨头，成了 GMV 的世界冠军，而携程每天机票出票量早已经是全球第一。中国互联网的领军企业走出国门面向国际客户提供服务，把中国的互联网商业模式推向全球，将会是一种趋势。在这个战略转型中，中国大型互联网企业具有独特的优势和机会，但是也面临着严峻的挑战和竞争。我们认为，决定中国互联网企业命运的是真正能否做到国际化、全球化，真正能否成为一个世界性的公司。近年来，携程围绕着国际化做了一些尝试，也积累了一些经验，也有一些体会，我们很愿意在此与各位同仁分享。

第一，携程为什么国际化？

中国市场虽然庞大，但终归有一定的限度，中国现在有将近 14 亿人口，也是全球规模最大的新兴市场。但说到底，中国的国内市场还是一个区域性的市场，随着中国生育率稳步下降，中国人口红利和互联网流量的红利也将衰竭直至终结。过去 30 多年里面，国内市场竞争已经非常激烈，很多领域特别是消费领域已经是一片红海，利润空间已经不大。在中国之外，还有 56 亿的人口，除了欧美国家、亚太地区和南美洲、非洲等市场都拥有巨大消费潜力，服务也有待提升，这是中国企业走出去的机会所在。

中国境内天空中每天穿梭飞机航班总计大约有 150 万座位，穿越中国过境航班每天大概有 20 万个座位，相对于携程 19 年积累的技术、资源和商业运行能力来说，这个市场已经远远不够我们消化。放眼全球，在与中国无关的天空中，每天飞行的航班的座位高达 160 万个，这在过去的若干年里面，似乎一直是中国企业的禁区，是没有中国玩家的竞技场，现在携程来了，在携程的眼中，这是一个巨大的蓝海，有巨大的市场空间可以开拓，有巨大的服务空白需要我们来填补。其次，携程的在线旅行服务业务的模式也更加先进，更能满足国际客户的需要。目前世界上绝大多数的在线旅行平台也就是 OTA 的平台都是就酒店机票预订一两项服务为主，产品相对较少，还有模式简单，而目前携程提供的一站式出行服务，可以提供酒店机票旅游用车、玩乐、保险、信贷等 30 多种产品和服务。就拿我们的酒店来说，我们绝大多数提供的都是中高档的酒店，而不是低端的酒店或者甚至是钟点房。要知道国际酒店业，钟点房从来不进入所谓的营业额。携程通过优质高效的行前、行中、行后的服务，节省了用户的时间，更好地满足了用户的出行需求，为客户创造了价值。我们感到这种服务不光是中国的消费者需要，国际消费者同样需要。

携程技术实力具普世性。举例而言，携程 10 月时推出了火车票的应用小程序叫作 Ctrip，这是携程针对国际客户孵化的一个火车票的小程序。经过报道之后，仅仅 3 个小时在苹果应用商店的下载量就达到了 Ctrip 历史下载量两倍多，我们服务器此后大概 20 多天里天天都在宕机，流量增长每天都超乎我们的预料。Ctrip 基于算法和技术分析了英国几十家铁路公司的上千种票价，帮助用户找到最佳的火车票组合，找到最优惠的票价。举例来说，一个通勤高峰期，曼彻斯特开往伦敦价格将近 140 镑，使用这个程序消费者可以分两段买票，手持两张票，乘坐同一车次无须下车，就花了 39 镑。我们的小程序让英国客户平均节省了将近 40% 的购票费用。

携程储备的资源具备再生和拓展性。众所周知，这些年来随着中国的旅行者走向世界各个国家，地球的各个角落，携程的全球合作者也在不断地累计，比如海外酒店供应商就接近了 100 万家，国际航空公司的合作商超过了一千家，这些酒店和航空公司既然能够为中国的旅行者服务，当然也可以为其他国家的旅行者服务，这对携程来说只是举手之力，一步之遥。因此，携程的国际化战略并不是一时的冲动，更不是不自量力，而是一种必然之路。

第二，携程国际化发展的实践。携程国际化布局始于海外收购和并购。

2005 年携程投入了最大的在线旅游网站——易游网。2012 年又收购了香港最大旅行社永安旅游 100% 的股权，完成两岸三地的布局。随着出境游市场爆发式的增长，2015 年携程开始推进国际化，开始一系列的并购。2015 年 1 月，携程收购了英国廉价航空在线机票信息集成和直联的预订平台，Travelfusion，这家公司成立于 2000 年，主打低成本航空公司机票业务，两千多家世界廉价航空公司、航空服务商、铁路运营商以及几十家领先酒店的信息平台均有合作。

2016 年携程通过发行可转站向印度最大在线旅游公司 Makemytrip 投资了 1.8 亿美元，进军印度在线旅游市场。当年 10 月 Makemytrip 合并了印度的最大的竞争对手，一举成为印度市场上最大的 OTA，今年已经成功在美国纳斯达克上升，他们在上升路演的时候，向投资人介绍说，他们是“印度的携程”。2016 年 10 月携程与美国三大华人旅行社，福成网、海鸥旅行、纵横集团等签署战略合作协议，占据了中国游客赴美国地接市场的一半以上，同时可以为中美两国的游客提供服务。

最近两年，携程的国际化加快了步伐，加大了力度。2016 年的 10 月，携程以 14 亿英镑收购了全球最人的机票搜索平台，强化了国际机票以及全球服务的布局，去年携程收购了美国的社交旅行网站 Srip.com，作为携程面向亚太地区的一个新的平台，经过一系列的收购之后，携程为这些收购的平台补充全球战略资源的短板，抢占的国际旅行热点的市场。同时我们为这些收购的平台来赋能，Skyscanner 原来只有机票和搜索比价功能，携程为其增加下单预订以及网上支付功能之后，它的核心竞争力充分释放出来了。我们一共五个程序开发员，使用了最先进的大数据以及云数据技术，从而比英国所有铁路公司的官网还有大大小小的英国本地 OTA 更加聪明、更加智慧。与此同时，携程也运用我们自身模式中的一些服务特色，为海外的旅游在线平台提高竞争优势，为海外的亿万的用户提供高质量的服务。

携程除了在境外 40 个城市设立了分公司和办事处之外（这部分员工现在也已经接近一万人），今年又在海外设立了 3 家客服中心，这些客服中心不仅仅是电话的咨询，而是被称为出行的顾问，提供更有效率、更具人性味、更多元化的服务，可以确保 80% 的呼入电话在 20 秒内得到响应。我们携程的海外的客服服务已经多次在国际客服领域获得大奖。此外 APP 使用除中文繁体 22 种国际主要语言，40 多种主要货币，使得全球 90% 的国际旅行者都无须借助翻译和换算工具就可以便捷查询和下单。拓展用户服务的边界也是国际化的重中之重，2017 年携程在业内首先推出了全球旅行 SOS 服务，不仅仅为游客提供翻译、旅游知识、失物招引等服务，可以在自然灾害以及恐怖袭击紧急情况下为用户提供及时援助和支持。据我们统计，今年 1—8 月，携程共收到 3133 起 SOS 救助援助，海外救助的比例高达 70%，来自全球 100 多个目的地，救援成功率达到了 94%，虽然大多数都是携程中国用户，也不乏国际携程员工。今年普吉岛沉船事故，日本大阪台风、北海道地震等事件当中，全球旅行 SOS 都为中外旅客发挥了积极的作用，不到短短 3 年的时间，国际化已经取得的显著的进展，携程国际的品牌以及携程的国际品牌的协同效应正在凸现超出了预期的效果，携程国际预订平台和我们已经超过 2500 万的海外的会员，有超过了 9000 万月活用户，保持了良好的业绩，让今年第三季度表现依然十分亮眼，连续第八个季度实现了机票预订量三位数的增长，天行平台是全球最大的机票预订平台，第三季度月活用户增长了将近 30%，直接约定业务同比增长超过了 250%。

携程国际化发展的思考。近年来携程在国际化道路上越走越快，核心的优势是什么，也就是说携程快速推进国际化战略并且取得一定的成绩到底靠的是什么？我认为主要有 3 个方面。

（1）自身商业模式以及产品技术和模式都具有充分的自信。携程创立 19 年来已经通过自身不断创新，重塑了中国的旅游业，引领了中国人的旅行模式，回想一下从自由行的概念以及自由行产品首创首发到经济型酒店如家、汉庭诞生，以及到今天精品酒店定制、私家团队领队这一系列旅行模式的流行。每一次中国旅行方式的变革，应该说都是携程开创引领的，正是在此过程中，携程形成了自身独特的中国OTA模式，并且显示出比国际同行业更加旺盛的生命力和扩张力，这是国际化战略实施的基础。

（2）必须实施本地化策略。对中国企业而言到国外发展，开发国际化产品和服务这是国际化，对于产品和服务落地国家而言，这些产品和服务必须本地化，中国企业要面对海外客户，就必须洞悉国际区域性市场的痛点和短板，并且把产品和本国文化传统、消费习惯、监管环境相匹配。中国互联网企业要国际化，还必须汲取世界互联网巨头进入中国市场的教训，总部充分授权，团队独立运营，产品和服务必须适应本土市场，尽可能避免遥控指挥。

（3）产品和服务创新必须重视文化差异。以客户服务为例，中国和日本用户的要求就很不相同，中国用户来电话咨询更多是追求效率，一般是要求你五秒钟接电话，两三分钟解决问。当然日本客人就不同，如果一个客户反映他皮包丢了，我们客服必须要先说对不起、请原谅，要说很多安慰的话，然后再进入话题，才算优秀的服务。

最后，我还想表达一点：携程可能是中国互联网企业中最有希望能够成为世界性的公司，为什么这么讲？因为大家知道，中国大部分的互联网企业主要营收还是以国内市场为主，国际业务的盈收占比并不高，但就携程而言，经过近年来的尝试国际酒店销量已经占到酒店集团总销量的四分之一，其他的业绩数据也同样乐观，现在销售从第二国到第三国的国际机票，每天出票量接近六位数，非常有信心经过5~10年的努力，携程非常有希望能够成为一家出行领域的全球性公司，国际业务的占比可以高达50%，这也是携程推进国际化发展战略的初衷所在。我们相信未来十年中国依然是全球经济增速最快的一个新型经济体，随着技术进步，城市化加速，中国产品和服务的日益国际化，携程也将继续受益于中国的经济发展，受益于中国的改革开放的政策，携程作为中国企业、中国旅游业走向国际化的一张名片，必将会有更大、更好的前景。我们也愿意与中国旅游界的同仁在一起，抓住全球化、网络化、移动化的机遇，开拓旅行市场的新蓝海，共同满足中国人民乃至世界人民对美好生活的向往。

谢谢各位。

文化和旅游扶贫的丹寨模式

万达集团首席总裁助理兼集团新闻发言人　刘明胜

大家下午好！

听了上午一直讲到现在，大家都在讲旅游，我今天讲的题目是扶贫，为什么要到旅游发展论坛上讲扶贫？我们选择的模式是旅游产业。下面结合万达集团在贵州丹寨县一年多扶贫情况，给大家简单介绍一下旅游产业的扶贫，可说是大有可为。

万达在丹寨县的扶贫从 2016 年开始，在整个丹寨县的扶贫模式上不光是旅游产业，还有长中短期结合的模式，待会儿详细介绍。为什么选择旅游产业扶贫？丹寨万达小镇怎么经营管理？一年当中取得了哪些成绩？跟大家做一个简单的汇报。

企业包县整体脱贫，在中国的扶贫企业当中万达应该是第一个提出来的，为什么提企业包县？过去企业扶贫多选择做一个项目或者一个产业，通过项目和产业来带动当地实现脱贫。要实现一个区域的整体脱贫这种事过去对于企业来说确实没有做过，减贫是世界性的话题，在中国我们也提出一个非常宏大的目标。到 2020 年中国实现脱贫，解决十几亿人口的脱贫，在全世界范围内是一个伟大的创举。万达成立今年 30 年，我们怎么利用经营商业的经验，让一个地区一个区域能够整体实现脱贫，这对万达来说也是一个考验。在过去，一般对一个区域、一个县的全面扶贫是政府的工作。万达包县扶贫是个创新，而且当时我们选择丹寨县的时候也是知难而上。丹寨县位于贵州省黔东南州，是苗侗少数民族聚集州，是国家级贫困县，丹寨县是当时贵州省七任省长的对口扶贫点，可以说七任省长没有在丹寨实现脱贫，看来丹寨脱贫是块硬骨头。能不能让丹寨县 17.8 万人实现脱贫，万达做了很多尝试，走了不少弯路。

万达在丹寨扶贫采取了长中短期结合的方式，短期尽快让丹寨县的 4.8 万贫困户最快速地达到国家脱贫线，万达设立5亿元的扶贫产业基金，每年五千万元，扶持十年。基金可以快速使贫困户达到脱贫线，但十年以后怎么办？所以万达还做了中期项目。中期选择的是旅游项目，最开始的时候选择的是第一产业和第二产业，就是比较常见的“种、养、加”模式。经过长达一年左右的调研，发现利用第一产业种植和养殖很难让丹寨真正摆脱贫困。最后万达选择了旅游产业。发展旅游产业的目标就是利用3到5年时间把丹寨变成旅游大县，把丹寨打造成为全国知名的旅游景点，通过旅游产业带动，带动丹寨经济全面发展。长期的项目是我们在那儿建了一个职业学院，投资3亿元，在当地招收丹寨县的学生，毕业后我们选择50%的学生到万达就业，因为万达有很多的产业，比如酒店、电影院、万达广场等，都可以就业。为什么选择50%？当时王健林董事长考虑，如果100%都到万达就业，那样学生们就不好好学了。

下面重点讲讲旅游产业扶贫，当时选择旅游产业就是觉得第一产业不行，门槛低、接地气，各地都有自己的土特产，各地都有自己的特色产业，缺点是规模很难做大，而且风险高。长期以来贫困县大多是农业县，用农业解决脱贫是个难题，如果好解决，估计现在不会有那么多贫困县。农产品走向市场存在一些天然的劣势。比如风险高，比如养猪有著名的猪周期，今年猪肉价格高，明年猪肉价格就会走低；不稳定，离市场比较远，相对来说盈利比较难。第二产业的加工业也一样，当地人力成本比较低，加工成本比较低，但是怎么能够形成品牌，怎么样对接市场，这都是比较大的问题。旅游产业就不同了，如果丹寨县真的能像丽江一样变成一个旅游的著名的景区，它就不是一个脱贫问题而是致富的问题。

旅游产业扶贫有很多特点，早几年看到国家旅游局的局长李金早做过关于旅游扶贫的报告，写得非常好，下面结合实践说几点。

（1）旅游产业是一个绿色生态产业。旅游产业就是让青山绿水变成金山银山，可以实现长期可持续的发展。

（2）旅游产业一个最大的特点是带动性强。做种植业养殖业就是做一个产业，如果要是做旅游产业，我们委托中国旅游研究院给丹寨县做了长达一年多的跟踪调研，发现旅游小镇带动能力很强，可以直接带动丹寨县大的产业20个，子产业将近50个，这就是旅游的贡献，游客来了，市场就来了，吃喝玩乐购，相关的产业市场问题迎刃而解。

（3）旅游产业还有最大的特点，造血式而且授人以渔。只要游客来了，市场就来了，当地的老百姓完全靠自己的能力来实现自我脱贫。

（4）旅游产业既可以扶贫又可以扶智。做旅游不光增长收入，还能长见识，来自全国各地的人不仅带来了钱，同时带来了文化精神状态。

丹寨小镇建好了，但是小镇怎么管理？万达商管把管理万达广场的模式拿到万达小镇，有机会建议大家去丹寨小镇看一看，去了以后大家不后悔，小镇非常干净，连一堆垃圾、一个烟头都找不到，游客的体验非常好。

怎么传播丹寨小镇品牌，让游客都来丹寨旅游？万达有很多创新的做法。丹寨小镇轮值镇长就是一个非常成功的品牌。大家可以经常在媒体当中看到报道，轮值镇长就是小镇的形象代言人。可以持续不断地通过轮值镇长传播丹寨小镇，每周选一个明星，这个明星来自社会各界，来自社会各个阶层，一周一个，一年 52 个，有主持人，有作家，有演员，有导演，也有流量大 V，每个人自带流量，对丹寨县做了很好的宣传。我们现在还在招募轮值镇长，如果你有一技之长，能给丹寨县做点贡献，我们欢迎你到丹寨县做一周的轮值镇长。轮值镇长项目 2018 年获得很多奖，在国际上三大创意大奖几乎所有的奖全拿了，各种金奖银奖都获得了，得到了国际的认可。

去年丹寨还打造了目的地旅游项目“万人长桌宴”，通过打造最长、最有气势的长桌宴，让丹寨小镇形成一个目的地旅游，结合长桌宴还把当地的斗牛、锦绣、篝火晚会结合起来，是很好的旅游项目。去年推出的扶贫茶园，也是比较创新的旅游项目。一亩茶园带动一个贫困户，第一期推出将近 600 亩茶园，一周之内就抢完了。

丹寨小镇建成一年多，带来的扶贫效果非常可观，一年累计接待游客 550 万人次。而 2016 年丹寨县游客仅 50 万人次，通过一年的努力，游客量相当于提高了十倍。丹寨县的旅游收入提高了五倍，原来不到 5 亿元，现在将近 25 亿元。丹寨小镇旅游景点直接就业一千多人，直接和间接带动当地一万六千人就业，职业学院除了培养当地学员，一年培养两千个贫困户，提高贫困人口的再就业能力，专项的产业扶贫基金五千万元已经发了三年。今年丹寨县已经摘帽，如果顺利的话明年二三月份就能够实现脱贫。

实践证明，旅游产业扶贫确确实实是非常好的一种扶贫模式，我们希望将来丹寨能够形成很好的扶贫模式，中国旅游研究院帮助我们归纳总结，将来形成一套创新模式向全国乃至向全世界推广。

谢谢大家！

从业人员关怀与旅游品质提升

凯撒旅游副总裁　汪　辉

尊敬的各位嘉宾，

各位同仁，

大家下午好。

今天很荣幸有机会受凯撒中国创始人以及凯撒集团总裁陈小兵先生的委托，与各位嘉宾和同仁一起交流学习、探讨这样一个话题《从业人员关怀与旅游品质提升》。

旅游产业的链条上，旅游文化资源演变为旅游产品，旅游产品外化为旅游品质的过程中都离不开人的创意和服务，特别是在当下，文旅产业的融合，大众旅游的时代到来，个性化旅游的涌动，旅游消费升级的崛起，这样的话题更值得我们共同来思考，首先跟大家一起来分享的是凯撒旅游打造学习型企业，构建“1+2+N”的培训机制。旅游是一个朝阳行业，不断吸引着极富创造力以及热情的人员加入，让我感到欣慰和自豪，在这个行业里面凯撒旅游拥有一支稳定年轻化的员工队伍。目前我们在全球拥有了3134位员工，将近40%是90后，他们伴随着互联网时代而成长，用自己的热情和创造力，与行业和市场分享着旅游事业的快乐与幸福，面对这些朝气蓬勃的年轻人才，建立一种持续学习的理念和机制，努力创造良好的学习环境是企业管理者不可推卸的责任。也是企业可持续发展的重要基石。

25年来，凯撒旅游通过摸索与实践，逐渐形成了多元化的人才培养的体系，并将打造学习型企业作为一项战略性的目标。在提升员工实力，关怀人才、成长的道路上，凯撒旅游逐渐形成了1+2+N培训机制，一套师徒传帮带的计划，线上线下两套培训通道，针对不同岗位人员N种差异化的培训方案，旅游是一个包含经验传承的行业，凯撒旅游通过一脉相承的师徒制，使得新员工快速融入凯撒大家庭。师父是直接管理层，也可能是身边优秀老员工，通过师徒制的传承，通过每时每刻随时随地经验的分享与文化渗透，让新员工自然而然转变为真正的凯撒人。在师徒制方面我们最提倡就是无私与感恩，一面毫无保留传授与分享，一面是对这种传承付出感恩与答谢。每年感恩节我们员工自发向自己的师父送上亲切的问候与感谢，可能是一张温馨的卡片，也可能是一簇芬芳的鲜花，师徒制是凯撒优良完全也是公司凝聚力的体现，也是一代又一代凯撒人凝聚的纽带。

我们企业里面每一名员工都有机会通过线上线下两条学习通道进行知识的补给与职业技能提升。线上我们自主研发在线学习平台，通过 PC 端和移动端，为员工提供了多样化自学的渠道，可以利用碎片化时间进行学习。通过短小精悍视频和音频，产品知识、销售技巧、客服服务管理课程一网打尽，截至目前开设 858 门线上培训课，近 10 万人次参与了线上学习。线下，我们除了提供在总部开展的面对面的培训，也会邀请培训讲师走进门店，走进分公司，走到一线从业人员的身边进行经验的传授，仅 2018 年就组织了千余场次线下培训，除了行业知识与职业能技能的课程，还广泛开展了欧洲艺术巡礼，红酒品鉴、摄影技巧等丰富员工体系。

面向旅游顾问、产品研发领队、不同从业者我们会提供 N 种差异化的培训方案与活动，例如面向销售团队的千人训练营，面对产品研发人员产品设计竞赛，面对领队人员的救援培训等。在凯撒旅游员工队伍中，超过 30% 的员工为旅游顾问，他们不仅仅是展示了凯撒旅游服务的窗口，更是公司和核心竞争力的体现。除了公司有组织培训活动，我们鼓励督促员工参与社会化学习，期间，在各境内外旅游局向全行业开放旅游专家学习项目中，凯撒员工积极参与，截至目前，凯撒旅游已经获得了 2000 多万旅游专家身份证明，其中旅游顾问队伍平均每人超过 20 个目的地旅游专家的称号，旅游专家培训平台评选中，凯撒旅游获得了学习型企业的称号。成熟培训体系下我们为员工建立了开放性的晋升通道，灵活的轮岗制度以及派驻海外分公司学习锻炼的机会，学习是企业生命的源泉，激励员工把学习能力转化为创造能力，是我们不懈的追求。

提升领队职业素养，积极树立职业自豪感。领队是旅游服务链条上直面消费者的终端，也是旅游业质量提升的重要抓手。当下旅游业由高速增长阶段转向优质旅游的发展阶段，而导游和领队是提供优质旅游重要组成部分，提升他们的职业尊严，有利于优化整体旅游环境。近年来，凯撒旅游一直致力于导游和领队职业素养提升和职业荣誉感的建立，作为发源于欧洲的旅游企业，我们于2003年成立了欧洲中文导游培训学院，这是欧洲第一家为欧洲华人旅游业培训中的导游机构，15年来培训学院为华人旅游业输送千亿名优秀导游人才，常年生活在中国以及欧洲同胞创造工作和就业的机会，他们成为传承中国文化、传递中欧友谊的文化使者。对奔波在一线的领队和导游，不仅仅安排常规业务培训，基于他们职业特殊性，也聘请了外国专家机构，就紧急救助等主题进行常态化的培训。

正是得益于系统化、专业化的技能培训，近年来在境外目的地发生一些恐袭、暴动事件时，凯撒旅游领队导游凭借良好的危机处理能力和指挥能力，保护了游客生命财产安全，他们凭借高度的责任心与专业性，赢得了客户的尊重和赞扬。在强化专业技能、提升综合素质的同时，我们也通过一系列的举措，让领队与导游感受家的温暖，企业的关爱。领队是特殊人群，他们常年奔波于旅途中，与家人聚少离多，爱人的思念，儿女的想念，成为我们道路上不可言说的痛，为此我们将情感关怀纳入领队管理工作，积极策划《爸爸在海外》等电视节目，安排领队与他们爱人和孩子境外旅途中参与，为领队带来惊喜的同时提升他们的工作状态，理解他们在旅途中的艰辛，每年岁末为漂泊在五湖四海的领队举办别开生面的年会，以隆重的方式欢迎他们回来，并安排服务于总部的同事以及领队的家属、客人代表为优秀的领队颁发荣誉证书和奖品。家人的鼓励，同事的祝福，客人的尊重可以极大促进领队职业荣誉感以及企业归属感。2018年初中国旅游研究院戴院长来到凯撒旅游针对领队工作做专题调研时说的一句话让我们记忆犹新，没有导游和领队的职业尊严，怎么可能有品质旅游的未来？没有导游与领队服务价值的体现，又怎么样会有旅游领域工匠精神？作为旅游企业，我们要坚定地从人文关怀和职业成长的角度提升领队的综合素养，保障他们的各项权益，强化导游和领队的归属感。幸福的员工创造客人的满意，在凯撒旅游的企业价值观中，员工的幸福与客人的满意同样重要，他们既是相辅相成，更是相互促进的。

旅游是文化创意产业的组成部分，而文化创意的实施主体就是人，既包括旅游从业者也包括游客，做好了人的工作，做好了员工的培养与关怀，直接导向的就是旅游品质的提升，客人满意度的提升。在我们的员工队伍中，特别在旅游产品研发和目的地管理的队伍中，有众多充满创造力和创新能力的人才，他们热爱旅游事业，并热情地投入其中，例如我们拥有国内最优秀的极地产品研发人员，最资深的专业户外产品研发和领队人才，欧洲、美洲、日本等目的地的开发人才拥有 20 年的从业经验，他们将自己爱好融入工作，通过不断学习丰富知识结构，这些骨干力量为公司为行业源源不断输送新产品、新思维。在不断拓展目的地广度的同时，引领了新颖旅游主题，今天的凯撒旅游依托充满创造力的员工、积极探索、深入实践，孵化出来一批专业的旅游子品牌，覆盖体育观赛、极地探险、教育研学、康养医疗各个领域，能服务于各种不同兴趣爱好。不同国籍的顾客群体，好创意带来好产品，好产品赢得好口碑，只有集结专业的人才，提供专业的服务，满足不同游客的需求，才能够不断地促进旅游品质的提升。一个一个优秀的旅游从业者，是组成优秀企业的核心，一个一个优秀的旅游企业，是提升旅游品质的基础，期待大家一起为更美好的未来而努力。谢谢大家。

以媒体融合推动文旅产业发展

中传环球（北京）新媒体科技有限公司总经理 李 霞

各位领导，

各位朋友，

大家好。

感谢中国旅游研究院搭建这样一个平台，让我们分享文旅产业融合发展的经验和想法。我结合自己的工作，跟大家分享一下中国文化传媒集团作为媒体在文旅融合上所做的一些工作，从媒体的视角来看文旅融合，并且如何以平台化的思路推动文旅产业发展。

从媒体的传播来看，文化和旅游部合并以来的热词就是“诗和远方”，文化是旅游的灵魂，旅游是文化的载体，诗和远方终于走到一起。对媒体而言，这些年互联网发展使媒体的发展形式多种多样，2018 年 8 月最新的统计数据显示，我国网民规模已经达到 8.02 亿，手机网民规模达到 97.5%。网民应用最多的是即时通信，网络新闻、搜索引擎的用户占比高居 80% 以上。即时通信、网络资讯、社交网络、搜索引擎，实际上都已经承载了媒体传播的一部分属性，进行着资讯的传播。从数据上明显看到，“互联网+”媒体的大环境发生了很大变化。

媒体融合的新形态是什么样？电视、报纸都是传统媒体，网站、移动互联网上的媒体是新媒体，在技术驱动下，新媒体的形式和内容每天都有新的变化。我们把传统媒体和新媒体的结合叫作媒体融合，媒体融合的形态是多种多样的。算法 + 媒体，加大了资讯的精准传播和定向推送。社交 + 媒体，微信、微博这样的社交平台从自媒体发展成为舆情发源地。媒体 + 媒体，是指每一个媒体都不单独做自己的媒体，而是互相打通融合。中国文化传媒集团所做的云平台有文旅号，作为自媒体平台，既有自有媒体联动，又和外部其他的媒体互相打通共融。技术 + 媒体，就是利用互联网、大数据、云计算等各种新技术来进行媒体的融合，媒体融合的形态已经发生了非常大的变化。

媒体融合与文旅融合又有什么关系？首先是媒体融合要服务于行业管理融合，从内容上能够支持业务上的变化，还要从服务、数据和技术等方面实现深度融合，从而在产业上融为一体。

中国文化传媒集团是文化和旅游部的传媒央企，拥有《中国文化报》《文化月报》《文化月刊》，开通了“文旅中国”客户端，拥有了融合媒体矩阵，面向公众提供一站式文化和旅游的资讯服务和产品。文旅中国被确定为文化和旅游部移动新闻信息客户端，拥有文化和旅游部新闻首发权，是文化和旅游部移动政策宣传、政务信息、在线投诉的统一入口，聚合文化和旅游系统场馆、景区、演出、展览活动、读物、名家等优质文化旅游资源，为公众提供高品质的移动信息服务。文旅中国的客户端已经上线了，主要包括新闻资讯、政务信息和文旅服务三大板块。

在媒体 + 文旅融合方面，中国文化传媒集团从自身的媒体优势和行业优势出发，立足于文化和旅游行业，建设了“中传云”服务平台，把文旅融合的总体目标确定为“媒体 +”，建设一个新时代文化和旅游“新媒体 + 政务 + 智库 + 产业”的服务平台，推动文化和旅游的融合发展。通过中传云，聚合文化和旅游的大数据，利用新媒体集群支持行政监管与政务、产业发展与服务、舆情与智库，把这些方面融合在一起形成生态圈。

基于顶层设计，在中传云平台上构建文旅融合的大传媒服务体系方面，集团也做了大量工作，积极推进地方文旅资讯传播发展。平台还可以分发出其他的服务客户端，在文旅中国的客户端和其他的客户端之间实现资讯的共享。对于政务客户端来说，把资讯、政策宣传、在线办事、公共服务相结合，形成政务的“两微一端一门户”的集成式服务。比如省级有本省的文旅客户端，企事业单位可以拥有景区、博物馆的客户端，快速分发 APP 技术，让各单位自己拥有 APP 的成本大大降低。在运营过程中各个客户端还与文旅中国客户端形成共享传播。

另外，我们还开发了艺术家的客户端，为艺术家提供专属的客户端，是艺术家个人的资料资源库、个人移动美术馆，还在景区衍生品、旅游打卡活动、百城千景活动等大型文旅融合项目中，将艺术融入旅游，使优秀的文化让更多人了解到、体验到。

文旅中国客户端上线后，不仅作为文化和旅游政策宣传、服务对接的重要渠道，还策划了大量的文旅融合活动，在文明旅游、红色旅游、安全旅游等方面起到了良好的带动影响作用。文明旅游本身已经体现了我国经济发展的成效和在国民文明素养提高方面的刚需，在这方面我们结合文化和旅游部的“文明旅游为中国加分”宣传的活动，策划了“百城千景在行动”活动，联动城市和景区参与文明旅游宣传，树立城市和景区的文明形象。我们希望今后更多利用中传云平台为文旅融合工作大局提供技术支撑，提供媒体宣传和活动策划。

文旅融合，还需要重点关注 IP（知识产权）保护问题。IP 是生产力。中传云建设了文化和旅游知识产权资源库，打通了文物、非遗、艺术、旅游、景点所蕴含的文化元素，对这些元素进行一体化的整合和提炼后打造城市的 IP。中传新文创 IP 平台通过 IP 确权、溯源、交易、监测和保护，通过 IP 二次授权创意再设计、产品再开发，构建 IP 渠道，形成新的文旅消费导向，形成优秀文化资源的创造性转化、创新性发展，让文化灵魂有安放之所，让旅游的载体充满诗意的底蕴。

以上就是中国文化传媒集团在利用媒体的融合来推动文旅产业融合方面所做的工作，我们也希望后续能够跟文化和旅游各界同仁们多多沟通，多多合作。

谢谢大家！

第三篇

旅游集团发展论坛实录

圆桌论坛一：新时代旅游发展的文化自信

主持人：中国旅游研究院产业所　吴丽云博士

嘉　宾：

金陵集团酒店管理公司总裁　陈雪明

上海春秋旅行社有限公司总经理　吴红

美团点评副总裁　郭庆

深大智能集团董事长　汪早荣

观印象艺术发展有限公司董事长　罗筱溪

吴丽云：我们这个论坛主题也是新时代旅游发展文化自信，我们在座的 5 位嘉宾其实也非常有代表性，也是代表了我们旅游行业各个领域的杰出企业的代表，我们有酒店行业、旅行社行业、演艺行业以及旅游科技行业以及我们旅游平台企业，也是非常有代表性的。我们先破个题，新时代旅游发展的文化自信。每位嘉宾结合自己的角度以及企业发展角度讲讲您是怎么样理解旅游发展为什么需要这个文化自信？其实也回答一个为什么的问题，每个人希望不超过两分钟。

陈雪明：首先感谢组委会邀请我们做这样一个论坛。我是金陵酒店管理公司的陈雪明。文化自信是我们中国酒店业发展到今天的必由之路，今天应该说是各位专家、领导从一个宏观的角度对文旅融合做了非常精到的阐述，我是老酒店人，从微观的角度来谈一下文化自信在酒店业的发展当中应该怎么样建立。

改革开放 40 年也是中国酒店业发展的 40 年，从弱到强，从小到大，世界的一个酒店大国，但还不是酒店的强国。经过 40 年的发展，怎么样从一个酒店大国变为一个强国，实际上是要有我们自己的东西。自己的东西是什么？雒部长所说旅游是载体，文化是灵魂，酒店业也应该有我们自己的文化灵魂。在这个方面，现在看到开元有很多酒店融合、文旅融合，我想在未来的日子里面我们要成为一个酒店的强国，应该有我们自己的文化灵魂和思想。在中国来说，五千年的悠久文化和历史，应该说在今天通过这种国际性的融合，使我们有这样一个机会，能够得到自己的提升。我们总说四个自信，酒店业也应该有我们自己的自信，一定会在未来的日子里面，使我们的中国酒店的文化得到提升。这里面最主要是把我们核心价值观能够提升起来，能够给宾客一个非常好的体验。

吴丽云：感谢陈总。

吴红：主持人好，各位领导好，同行好。我是来自旅行社的春秋旅游的吴红。今天也提到了改革开放40周年，旅游行业从以前的入境游为主的这样一个文化传播的载体，到如今的中国人在国内有出境游、入境游、边境游等等的环节上，旅行本身就是一个沉浸式的文化载体，无论是在哪一个环节的旅行，作为一个从业人员，戴院长也说了原来我们做入境游的时候，百万的导游承载着文化旅游的传播以及中国文化的传播者，现在如今旅游行业2.7万个旅行社的从业人员带动了一系列的旅游服务产业上的服务人员。我想旅行构造一个文化的传播，本身就是一个文化的传播，无论和不和文化在一起，很多人在去年或者在前年就在说，诗和远方的故事，还有就是说走就走的旅行等等一系列，我想从业人员本身就是应该有一个文化的载体。

罗筱溪：首先感谢吴博士包括组委会对我的邀请。首先代表观印象感谢大家，给观印象这样一个机会，大家一起来畅谈文化，包括文化的自信。首先在说这个话题之前，我从两个层面来说。观印象本身所处的文旅演艺行业来看，观印象作为中国的文旅演艺行业的缔造者，也是最具影响力的这样一个品牌IP，驴妈妈副总裁说IP特别重要。文旅演艺行业第一个IP版权运营，大家所熟知的G20杭州峰会，包括第一个《印象刘三姐》实景演出，目前世界上最大的实景演出就是由观印象来制作的。观印象目前为止已经有30多年了，从一台戏到一个产业，尤其是我们习大大提出青山绿水之后，整个行业在政策的支持下，在政府的推崇下以及国企和民企的资金相继涌入，2004年我们的《刘三姐》开演，2009年观影数超过丽江的游览人数，可以看出来整个演艺行业溢出效应是非常明显的，对于周边的酒店，衣食住行游都是有非常大的促进。

整个演艺行业来看，尤其从文化自信的角度上来说，其实我们到每一个地方都需要思考，如何帮助当地打造独特文化吸引力，观印象一直都是打造城市名片，也许很多演艺他们打造的都只是一个旅游景点，而我们的铁三角就是在观印象缔造过程中，铁三角张艺谋导演，王朝歌导演，以及樊跃导演，他们为这个 IP 打造树立有不可磨灭的功勋。张导说我们每一台演出必须是传世的经典之作，我们也会打造这个城市名片。这个过程中我们可以感受到，上下五千年，幅员辽阔，中国 56 个民族独特文化以及文化自信。这是我个人在我们演艺行业所看到的中国的文化，但中国文化软实力如何向世界，如果让自己的人民感觉到以及向世界人民去展示。其实有一段时间，G20 是一个很好的展示平台，我会视察我们所有节目的时候，发现 G20 的时候，在杭州西湖上，所有外国友人到那里去看感觉特别棒，特别好，实际情况上在我们观印象所有演出里面那只是一台晚会，还有更棒的。

我刚才也有在想一件事情，旅游是什么？首先是舒心，再是开心，开心了之后需要寻找一种情怀，需要一种情感，甚至会上升到艺术的高度。所以我们印象系列在做的时候，我们在想我们到底应该做一个产品还是应该做一个作品，我们到底是应该以营利为目的，还是以作品的艺术呈现为目的，这就体现在文化自信上面。如果我们只是从艺术的角度出发，可能不一定能够兼顾到它的商业营利性，如果我们完全注重商业，可能变为一个工业化的产品，我们这个行业里面，赚钱效益以及艺术体现如何平衡？观印象一直都在，包括这 14 年的历程中，我们一直都是在体现一个作品，我们呈现的是一个艺术作品，甚至还没有到商业作品，所以有了观印象这么长时间的，已经公演 11 台以及正在制作的 6 台，马上公演的《归来三峡》非常有艺术高度，我们每一台作品从来没有复制，每一台作品都是独具匠心展示中国每一个地区的文化特色。我们正在制作的过程中，我个人跨行业，会有一些想法：

如果我是一个旅行者，或者我是一个游客，其实我会感受到更多的。我可能出国游更多，国内游比较少，这是说实话。上午也有说到整个行业的问题，我觉得这个自信来自对自己所有的认可，因为我们的旅游行业其实经过了很长时间的发展，如果可以提升我们所有的产品，从产品到精品到作品，就是我们的文旅产品，能够极致化地提升客户体验感，也会提升大家在文旅在这个行业中的自己的自信度。谢谢！

汪早荣：各位领导大家好。我这个企业比较特别，刚才罗总他们这样的一个产品我是给他们做信息化服务的，观印象的“印象西湖系列”“印象丽江”都是我们的客户。从服务这些旅游景区、集团以及政府角度来看，我们的文化自信应该是什么样的境界。未来的“文化+”，是在挖掘所有重要核心目的地的潜力，不断在这个上面叠加各种各样的要素，进一步提升所有目的地产品生产能力。比较典型的像西北的莫高窟，大家看到了每年限流量的观赏，它的产品开发与故宫相比还差很远。未来“文化+”以及在这个上面挖掘产品，是一个巨大的金矿，而我们作为一个信息化的服务商，为这一类的企业提供从管理、服务、营销、运营等等全方位的一体化，这是我们坚持了20多年，服务了数千家这样的企业和集团。大连海昌的王总也是我们重要的合作伙伴，他们的信息化系统也是由我们创建的。我感觉到，中国的文旅企业应该拥有充分的文化自信，我觉得我们的文化挖掘以及未来用旅游这样一个载体把它展现出来，这个潜力才刚刚开始。

我们也看到了我们很多的文旅集团已经在赶超国际上的大企业，包括迪士尼、环球影城、梅林，未来海昌可以，华侨城可以，方特可以，我们的宋城也可以。从这个角度来讲，我们这样一个企业为这些文旅企业的添砖加瓦会不遗余力，不断在这个上面挖掘它的整个信息化的能力以及在科技和旅游运营的这种结合。在产品创新上，人才培养上，整个生态链我们会全方位地建立，这是我们这个企业根植了20多年从中悟出的道理。

郭庆：大家谈到自信，自信好像是一个精神层面的词汇。其实自信的体现是因为你的实力，实力有了自然就自信了，实力属于没有自信起来是不能长久的。如何让我们实力更强大，能够真正自信？我个人觉得既要传承，更多的可能是要创新。随着这几年中国移动互联网快速发展，中国移动支付得到了非常快的发展，我们到了国外，发现支付手段没有中国先进，这种自信感、自豪感自然就产生了。只有通过不断的科技创新，才能够实现真正的自信。

过去前20年，中国互联网经历了PC时代以及移动时代，这两个大时代，主要集中在消费侧的改革。今后的一段时间里面，其实整个产业互联网快速发展，应该说为我们这个行业从业者带来更大的提升空间，可以让我们的实力得到更快的提升，可以帮助我们开源，同时可以帮助我们节流，提升最终行业的效率，让我们这个行业的人均收入提升，最终这个行业的人可以拿到更高的平均收入，可以留下更精英的人才。这样，才能够实现行业自信，行业自信更好地传播文化，因为旅游文化是非常好的一个文化载体，最终实现文化自信。谢谢！

吴丽云：刚才五位嘉宾都从各自不同的角度解读了为什么旅游行业需要这

个文化自信。我听完五位嘉宾的分享之后我个人有一个感受，为什么需要这样的文化自信。是因为我们在这个当中，像郭总讲的，其实我们是需要强大的，当我们慢慢地强大起来，每一个企业都有我们全世界核心竞争力，我们的模式在输向全世界的时候，其实我们文化自信就树立起来了。当我们的产品、服务被我们的国民大众广泛接受的时候，其实我们的文化自信同时也就树立起来了，所有这些都离不开市场主体，我们所有旅游主体共同努力。

第一个问题我们算是破了个题，接下来我想各位继续再深入结合自己企业分享一下，我们文化自信为什么需要有，是因为我们企业变得强大，去创造我们的独有的竞争力，形成我们独有模式，输出我们竞争力的核心所在。五位嘉宾，我们到底应该怎么做？刚才是破题，现在我们再分享一下应该怎么做？

罗总讲了很多观印象所做的事情，“印象系列”，“又见系列”，我自已非感兴趣的是武汉“知音号”，我对这个非常关注，这是文化旅游和旅游企业融合起来做的一个非常大的创新，也是把习总书记所提的“三个文化”给展现出来的。罗总深入剖析一下，这个市场上，演艺行业非常多，但是像您所说很多人不赚钱，观印象是怎么样通过你们文旅融合打造你们核心竞争力的？

罗筱溪：谢谢吴博士。您对知音号比较感兴趣，知音号是我们在武汉的一张名片，是首个漂流式情景演出。它其实很像百老汇的演出，在上海其实有一个类似的演出项目叫作《不眠之夜》，是有一些类似。说老实话，这个产品个人认为更加适合放在上海，不知道有没有看过的朋友，进去后有一种上海滩的感觉，最近正在筹划上海滩的项目。确实，在整个文旅产品里面，演艺，刚才汪总也说了有宋城，有山水系列，就是梅帅导演，以张导和王导为主，樊导铁三角的观印象系列，目前整个市场上前三个演艺行业独占鳌头的。

观印象早期第一个演出《刘三姐》有一个实景演出的带动效应，带动效应之后我们一直都在想，如何把当地的文化特色和实景演出以及当地独特的自然资源能够很好地融合到一起，现在比如说在签的所有项目，我也会说我们不是所有的都是在做实景演出，实景演出会有一个很重要的问题，会面临着天气的影响，像我们宋城一天大概在室内能够有 7~9 场，社会效益应该是的最好的。“又见系列”基本上全部都是室内演出，从《又五台山》《又见平遥》《又见敦煌》，敦煌达到了一天 13 场，因为敦煌这个游客数量直线上升的，其实那已经有了一个《敦煌盛世》和《丝路花雨》是非常老牌的演出。“敦煌系列”为什么有这么大的影响力，除了品牌吸引力量之外，最独特的是，我们不是一台歌舞秀，不是一个把杂技、跳舞各种元素糅合到一起，而是一种演艺形式。

我们不从对错上定义，只是我们观印象做的事情，我们是做的情怀，我们说我们是艺术作品，比如说看“又见平遥”，当时和“又见平遥”的董事长沟通，先进平遥古城还是先看演出，他跟我说，我建议先看演出吧，我说行，先看演出。看完之后，我的感觉是，如果我是山西人，会因为我是山西人而自豪，如果我不是山西人，我会觉得山西人特别靠谱，后来也有一个我的朋友告诉我说，山西人想做生意就带他们看《又见平遥》，看完之后决定跟你们做生意。有陈建斌演的《大宅门》，是一个晋商文化，我们进入平遥古城里面，我记得《又见平遥》里面最后一句话，我们这个故事是在平遥古城里面每一个院落日常发生，再进平遥古城就有代入式。

刚才我们吴博士问我，其实从这样一个点来看的话，比如说现在到了鼓浪屿以及很多历史的古城，不是说这台戏就特别重要，而是说我们可以把它上升到有情怀的高度，穿行这个古镇或者穿行在当地所有的这种建筑物，这种胡同、园林、楼道的时候，在我的脑子里面会呈现一些文化元素把它加进来，就会让我找到一个我为什么到这儿来？为什么喜欢这个地方？我是不是会再推介其他的人来？最重要的是，我有没有和这个地方产生情感的共鸣。我们经常说，哪个地方是家，有爱的地方就是家，有家人的地方就是家。另外是，有没有情感的寄托。

我重复旅游的地方最高的地方是丽江，因为觉得每一次去都会有不同的意境，当地的民宿以前四百多间，现在是四千多间的民宿，增长速度是非常快的。说到观印象，我们只是用我们不同的独具匠心，包括挖掘当地有特色的民宿文化也好，当地的文化也好，通过科技的手法也好，通过独创的艺术形式，最后打造出来一个旅游的作品和艺术的精品来呈现给我们的广大旅游消费者。最主要的是，观印象在没有被上市公司收购之前还是一个艺术家的观印象，被上市公司收购之后会是一个上市公司的观印象，除了我们是有艺术家的平台之外，我们更加注重的是在商业平台上如何寻求商业和艺术的平衡点，观印象一直以来会秉承着在艺术上严谨的态度，我们自己给自己的理念是我们尽量不做糙戏，大家可以看到整个行业同质化非常严重。有时候在很多作品里面会看到观印象很多的影子，我会觉得这倒是没有错，确实艺术的创作是会有瓶颈的，像我们张导为什么一直都有很多作品，其实在他的背后会有非常好的、年轻的一支导演团队，艺术创意是需要不断推陈出新，观印象也是一样，在秉承着如何把艺术高度打造起来的同时，也会想着如何与当地的文化以及与当地的政府进行互动，最后达到作品艺术的呈现与我们商业的经济效益达到双赢。谢谢！

吴丽云：罗总刚才讲总结一下，用情怀加上文化创造来形成观印象独有的市场竞争力，接下来问一下陈总。其实住宿业算是行业里面发展最为成熟的，也是竞争最为激烈的，在现在的形势下文旅融合有可能给我们带来一些新的机会，我们新的涌入者创新的酒店品牌也非常多，金陵怎么在现在新的形势下来继续夯实我们的核心竞争力，来保持我们在这个市场上的竞争优势？

陈雪明：实际上从文化的层面来说，可以从三个纬度来说：一个是艺术、文学纬度，有的是说视觉纬度；还有从历史、风俗、地域习俗纬度；第三，人的言行、规范、道德守则。

从旅游的角度来说，实际上也是三个本质性的东西。一个解决行的问题，我们有春秋航空；第二，游，比如看风景、看秀、看博物馆；第三，酒店业很本质的事情，食宿。刚才我在下面和一位同行交流，现在讲住宿业，我不敢苟同，作为高端酒店并不仅仅是一个住的问题，还有吃的问题，对我们来说“食宿业”更恰当一点。旅游业大概是这么三个本质性的构成。现在随着数字化发展，提供方便的就是信息，比如像驴妈妈也好，他们也做产品，但更多是一个平台，包括携程等等，有很多 IT 公司加入旅游行业。在这样的情况下，我们现在整个酒店业已经发生很大的变化，特别是大家都知道酒店业现在 80% 都是亏损的，这个已经讲得比较乐观。如果把投资回报率高端酒店摆进去的话，大概 90% 都是亏损的。为什么讲文旅融合，酒店讲文旅融合？实际是消费升级逼迫的结果，酒店要走出困境，一定把文化结合起来，文旅为酒店走出困境提供了很好的思路和方向。酒店必须重新定义，不能简单说就是解决一个食宿，随着生活水平的提高，人们的消费需求从原始满足最基本的需求以外，可能更多向精神需求、审美需求提升。一个酒店如果仅仅满足吃得好、睡得好已经不够了，已经是同质化缺乏竞争力的酒店，更多让他们感觉到有好的服务感觉，感到美的享受，希望能够通过手机视频展现他感受到的美好事物，一个酒店的文化性文化内涵对消费者的意义越来越大。

从酒店来说，从金陵角度来讲，品质铸就品牌，品牌创造价值。怎么创造价值？在品质的背后有一个服务文化，不同的酒店或者不同的企业服务文化会铸就不同的品质，会产生不同的品牌文化和品牌价值。金陵始终形成品质文化，金陵作为一个服务行业的标杆企业，35 年以来把品质摆在我们的首要地位。刚才雒部长说旅游的品质和客户的满意度是要摆在首要地位的，所以酒店业的发展我们的文化自信，酒店要有灵魂。什么是酒店的文化灵魂？我个人应该是服务品质文化作为核心内容。行业赶时髦今天这样明天那样，酒店有时候不忘初心，还是好好地让客人住得好、吃得好，能够受到得体的对待，同时给他们一些优秀的文化内容，让他们视觉上面看上去能够得到美的享受，同时到了某一个地方你的酒店又能展现某一个地方的文化特色、历史的典故等等更好。

现在我们做高端餐饮的有一句话，菜首先是看的，为什么这么说？现在人的需求已经提高了，温饱问题已经解决了，不仅要吃得好，还要吃得有品位、有情调。文化无处不在，酒店作为一个新的生活提供者，文化的内涵丰富性、独创性和趣味性会让我们酒店业的发展有一个更高质量的提升，而并不仅仅只是一个数量的提升。我们酒店业的灵魂就是要把我们的品质摆在首要地位，让客人感觉到在你的酒店能够享受到那种在家里不能得到的，但是在酒店能够感到一种全新的生活体验，留下一个美好的印象。我想这就是文化自信和酒店和文化融合的价值所在。

吴丽云：谢谢陈总。陈总作为一个老酒店人真的说得非常深刻，他提到两个观点，现在的酒店不再是一个住宿的地方，这个功能太单一了，应该食宿加上其他还有一些互动的体验。第二，从我们的诉求上来说，不仅仅是吃住的享受，还有精神层面的，不仅住得好，还要住得有品质，这个也是我们酒店业现在正在创新的方向。

接下来问一下春秋的吴总，同样春秋旅游也是国内旅行社方面的品牌，这么多年在旅行社行业处于领先位置。现在散客越来越多，可能 96% 的散客，对于旅行社企业来说也有很大的冲击，包括携程、同程、途牛，请吴总分享一下对于春秋是怎么样在文旅融合的背景下在新的行业进入者进来的情况下怎么通过我们的创新，通过文旅融合不断增强你们的竞争力，保持你们的竞争力。

吴红：这个问题非常好，涵盖了旅行社所有的问题。从春秋的自身来说谈两点，对内的话春秋一直秉承着“奋斗、远力、节俭、感恩”的企业文化，一直到现在是 37 年的历程，春秋仍然坚持到现在，其他的对手一拨一拨，除了这个八字方针之外，现在内部有两大文化，一个旗袍文化，一个太极文化。孔主任刚才穿的旗袍，这个就是中国文化的传承，它是一个展示。我们每个星期五女性高管基本都是要穿旗袍的，每个早上或者晚上在春秋办公大楼四百多个人打太极，为什么坚持到现在？董事长说了，首先是希望大家身体健康，另外希望大家坚持融入集体。说到企业文化，真正传载文化的一定是人。我们在抓的时候还有领队导游队伍的建设，导游队伍的建设基本上每周每月都会上大课，尤其是文旅融合之后我们将文旅融合也融入领队的考核当中。包括很多的故事，其实领队是很有文化的行业，但是这些年可能被扭曲了。随着定制游等等小包团的产生，还有散客市场的产生，定制游、自由行产生之后会发觉，优质的导游，高质量发展下仍然需要高品质的服务，这块永远替代不了。

文化和旅游的融合大大推动了旅行社的转型创新，什么样的产品才让老百姓掏腰包？必须是创新的产品。去年 12 月 6 号邮轮包船，最最淡季的时候怎么可能把整艘船卖了，而且平稳。七八月的时候就给这艘船起了一个名字叫作“旗袍公主太极号”，吸引了全国的旗袍爱好者，从哈尔滨、贵阳，只要参加我们这个邮轮，就由春秋航空的机票全国联运到上海来坐邮轮。在邮轮上面做了一个全国的旗袍公主选秀活动，应该说非常非常轰动。整个大厅只能坐 900 人，门口站着领队放了 1200 个人，当时害怕安全问题。选秀后台的老外说，我们 700 万美金打造的秀都没有这么多人看。我想这就体现了老百姓的自身价值以及文化的传承，我们还有很多这样的小故事。

再一个，航班上面会打造相亲航班、会打造滑雪航班、美食航班，滑雪到长白山，美食航班到重庆，包括相亲航班，三四年前的相亲航班现在有人成功升级为爸爸妈妈。这种文化的传播推动了旅行社的产品要去创新，这是产品一开始的创新，在旅行过程中也融入了很多文化。例如，到日本米其林餐厅，有很多日本的女士穿着和服为我们服务，这时候我们要求团队人员穿着旗袍进入，当那一刻开始，日本人用日语说“中国人好漂亮”，这个其实在无形当中已经传递了我们中国的文化，我们的中国人不是买买买，实际是很有文化的一支团队。产品融入，大年初一给小朋友发红包等等一系列节庆也融入旅行产品的过程中，不停打造打磨。

现在的旅游市场发生了很大的变化，旅行社的创新如果仅仅按照以往的模式，我想 1+1>2 每个旅行社都会做，转型过程中每家旅行社都在不断探索文化的融入加速了我们的转型。当然不仅是文化，最关键是人员的理念创新、员工的创新、老百姓的融入以及游客的互动，我们本身作为旅行社来说本身是天然的搬运工以及文化传递的缔造者，从前端、中端或者旅行结束的末端，我们希望每个游客在他的旅行过程中都作为中华文明的传递者，尤其是在入境游。这两年虽然出入境的逆差有点大，但是实际上中国现在的接待水平远远比 80 年代好很多，有很多高星级酒店，有这么多的入境高级人才，现在确实我们在文化的传播上面，1994 年在美国建立了春秋旅行社，也是第一个中国在美国建立分公司的中国企业，一直持续到现在。美国旅行社一直做一件事情，中国的入境游。做到现在发现，你非要融入点文化才会好卖，例如今年组织老外在鸟巢打太极，其实就是小小的一个动作，甚至让老外包饺子、剪纸花，参与到中国的民俗活动，他才会对中国的兴趣更浓厚。总而言之，文化对于我们旅游来说并不是一个累赘，是一个转型以及加速旅游人更有文化的利器以及产品创新的助推力。

吴丽云：谢谢吴总，对内我们做文化提升精气神，对外也是做文化，用文化主体和产品线路文化的深度挖掘提升文化竞争力。

接下来问一下汪总，前面三位嘉宾立足行业，汪总是贡献者风险者，汪总是做智慧旅游的，也服务了我们很多的旅游类企业。您是怎么更好地帮助文旅企业来做创新？

汪早荣：我简单介绍一下我们三大业务板块如何去形成一个闭环，为单一景区旅游集团以及政府共同服务，或者说我们就是一个 toB+toG 的服务型企业，用科技的力量干这些事情。

第一个板块，基础业务，包括小到一个单一景点，大到跨国旅游集团，完整从后端管控到前端生产系统，形成一套完整的旅游集团 ERP 系统。软硬件前后端用五大技术，互联网、移动互联网、人工智能、大数据、云计算聚合到这个体系里面去。现在一年这个板块做 450 家景区，这个板块今年面临一次全行业的技术升级革命，应该说从 1996 年编写中国第一套电子门票系统开始到现在整整 22 年，而这种大的技术升级经历过三次，今年这次是最彻底的，可以说是穿透性的，唯一的驱动力就是人工智能。从后端云端穿透到物联网端完成整个管控、运营、服务、生产以及产品体系的全流程。在这个上面投入巨大的人力物力，今年在国庆节央视九个节目栏目里面播出来全国 60 多家头部景区上线的人脸识别刷脸入园，也预示了这类景区从未来单一门票模式走向全域旅游的运营模式。简单的入园动作只是一个开始，这是第一个板块业务。

第二个板块，线上线下连接起来，智游宝。这个平台 2009 年 1 月 1 号提出来，到现在整整将近 10 年时间，累计 7 个多亿的游客交易人次数据。这些数据实际上我们是一个 toB 的企业没有用处，现在挖掘出来反馈给旅游景区和旅游集团，这种反馈其实不是简单数据给它就完了，要在运营端赋能，早在 2013 年开始第三板块业务，以金陵文旅为第一个试点，合资参股成立旅游目的地互联网运营公司，后来 2015 年把这种模式取名 LOTS，一个本地化的在线旅游供应和服务商品牌。实现几乎 2/3 的贵州覆盖，49 个景区覆盖在这个平台上，其中有三个 5A。这是目的地的运营模式。

第二板块的数据现在就有用武之地，返回到这个平台上面，形成未来对游客的游中精准营销服务，这个也是我们今年在人工智能技术和游客服务平台上重点打造的板块。通过三个板块的联合形成闭环，为我们旅游景区，特别景区作为主业的旅游集团往度假型多业态发展的酒店，跳出门票经济，提升二销的营销比例开拓了一条路。这条路应该说在 5 年时间全国覆盖了参股的 30 余家，没有参股但是使用我的平台宋城、无锡灵山恐龙园用我们平台的也有 15 家。这些体系里面还包含了我们在比较落后地区，比如藏区以及新疆南疆地区，我们投资参股做这样的平台。我们感觉全域旅游的发展未来是全国一盘棋的，不会是一个单点。特别落后地区更需要新的技术、互联网的理念以及新的产品运营理念，甚至帮他们的 90 后培养成新的旅游运营人才，这是深大智能这几年每年在全国落地的，有藏之旅、新疆喀纳斯之旅、敦煌之旅、华山之旅、延安之旅、迪庆牦小牛之旅、普陀山瑜小陀等，这么多年积累的技术和运营数据有了用武之地，取之于景区又还给景区，这是深大智能坚持下来的服务于衣食父母，服务于景区旅游集团，不断用技术创新、运营创新、产品创新、服务创新的理念做好我们的本职工作。

吴丽云：美团点评是旅游行业的进入者，美团点评在生活服务平台在去进入旅游行业的时候怎么样利用我们的平台进入新行业的时候构建你们的核心竞争力？和现在的 OTA 平台区别在哪儿？

郭庆：我们缺一个会议组织系统，方便主持人更高效合理控制每个人的发言时间，科技是生产力，科技帮我们提高时间的利用效率。美团点评也是幕后的英雄，美团点评在过去的八年里面主要做一件事情，帮 560 万商家线上化，方便消费者在线上买各种东西。2017 年帮助消费者 1 亿张门票，2 亿间房间，成为最大的在线预订平台和住宿预订平台。

讲一下对行业的思考，行业要发展得好，最重要的要每个企业找到自身的定位。行业要发展得好最重要的是合作而不是竞争，要想合作一定要有所不为有所为，这样整个上下游才能合作起来，及否则整个行业的上下游都是处在无序的竞争状态。其实过去几年吃过亏，现在变好了，比如很多制造行业、IT 行业、手机行业，过去竞争比较混乱，整个产业利润非常低。这几年随着整个行业的认知迭代，开了很多行业峰会，大家按照自己的共识，让行业整体利润变得更大，每个企业在里面变得更好。无论是我们的景区还是住宿行业都能够在未来形成整个产业的分工协作，这是非常重要的。

每个公司每个组织的特点基因是不一样的，有些组织擅长打造 IP，有的企业擅长搞情怀，有的企业擅长搞服务，美团点评擅长搞科技。我们通过科技手段在过去打造的是营销能力，在未来希望通过互联网下半场打造产业互联网领域。举两个小例子，一个布草洗得干净不干净不知道，造成消费者和酒店之间的误解，怎么办？在每个布草里面植入 RFID 的芯片，配上二维码一一关联，将来入住拿微信手机扫一下知道这个布草有没有被换过什么时候被换过，洗涤状态是什么样的。申请了国家专利，现在已经在西安一些城市试点，效果非常好。一个企业的客人，新客看营销，老客看服务，通过科技的手段提升消费者的入住体验，同时降低人员的数量。比如在北欧瑞典人员降到 100∶12，100 个房间需要 12 个服务人员，这个行业怎么能不赚钱呢？需要通过科技的手段让消费者体验变得更好，同时降低整个企业的人员资源投入数量。

第二，现在做一个小项目，云排队。消费者在这儿订票之后到了景区，过去很多时间花在排队上，第一消费者体验不好，第二没有时间去购买其他的商品，也没有时间去吃饭。我们很多景区搞的二消项目不是因为我们搞得不好，而是根本没有时间去消费。把消费者的时间从无效时间解放出来变成有效时间，有心情、有体力、有时间进行美好的体验。前两天刚从欧洲考察回来，荷兰一个蛋糕博物馆做得非常好，线上营销到入园安检到整个过程的导览到店内的二消，基本无人 touch，效率非常高，体验非常好。这个可能就是一些组织需要看到的一个榜样，只有这样才能强大，才能真正自信，否则这个自信智能停留在口号上。

吴丽云：谢谢郭总，用科技来提升效率，您也打造我们的核心竞争力。刚才各位老总都从各自的角度分享，我想未来我们越来越多的企业用文旅融合作为一个核心的动力，用创新来不断去推动把我们的文化融入到里面去，帮企业做大做强，我们在世界上发出更多的旅游的声音，我们的中国服务也才能更多地推向世界。

以上就是论坛一的全部内容，谢谢大家！

圆桌论坛二：企业成长、社区参与和多元利益协调

主持人：中国旅游研究院产业所副所长　杨宏浩

嘉　宾：

东方园林集团副董事长兼总裁　金健

华住酒店集团首席发展官兼执行副总裁　孙武

丰盛控股有限公司副总裁　郭冬东

斯维登集团首席战略官　胡隽

哈啰出行 COO　韩梅

杨宏浩：有五位嘉宾，分别是东方园林集团副董事长兼总裁金健先生、华住酒店集团首席发展官兼执行副总裁孙武先生、丰盛控股有限公司副总裁郭冬东先生、斯维登集团首席战略官胡隽、哈啰出行的 COO 韩梅女士。

东方园林、华住酒店集团大家应该都是很熟悉的。另外三个家集团也是非常大的，他们平时有的时候很低调，有的时候是这两年刚刚发展起来的，但其实他们已经发展得非常大了，只是大家可能还不太熟悉。这样我想还是让每一位老总先把自己企业集团的成长用两三分钟的时间向大家简介一下。要是不讲它的发展经历，你就讲你现在，正在做的东西也可以，让大家对你们快速有一个印象。

金健：我就不讲历史了，20 多年，讲了不要吃饭了。说是发展论坛，第一个课题是企业成长。今天听了很久，大家没有专注谈旅游企业怎么样挣钱的问题，我认为这是我们面临一个巨大挑战。我们现在做了传统的景区，包括酒店自身的活力都有瓶颈。我们自身怎么样成长，才能够决定我们怎么样协调各方的利益帮助社会的成长。我们做到现在是一大一小，一个大的是做大结构，小的是小细节，大结构是做全域旅游、乡村旅游。在大的这个结构里面我们寻找商业、开

发、城市建设的相关机会。刚才你说介绍公司就顺便可以介绍一下我们全域旅游做了大概几十个县区，有一个品牌叫作田园东方做得还可以，这一块的业务营收差不多 18 个亿。做大结构你会发现有很多相关的获利产业的机会。

另外，我们希望做小的细节，整个社会发展到现在，我们时间很碎片化，大家一边听我讲话一边看微信都很愉快，第一次这个城市留下了巨大的空间，我们认为这个小旅游的机会很大。万达做宝贝王，海昌做 3000 平方米的萌宠乐园，圣亚做大白鲸。利用城市空间甚至闲置建筑空间做旅游个人平效以及单价特别高，我们公司也会聚焦做类似的产品，我们实在太忙我们只有三个小时到两个小时，这一块机会非常大。旅游企业一定要真正商业机会，而不是一味地谈情怀、谈文化，这样才能够保证我们这个行业能够有生命力。包括刚才所说有传统景区，植入生活当中的。在杭州刚刚买一个大景，准备做成时尚运动的活动。酒店写字楼就要植入生态以及文化的东西，刚才我所说的利用这些空间，别人没有时间去郊外，到你这个城市空间可以享受到的业态，整个多元的协调的创新，我觉得才能够找到整个旅游企业发展的未来。我聚焦这个课题，我们企业怎么样成长、怎么样参与社区，怎么样实现多方利益的协调。其实是要找到解决的方案，不是一味地谈责任。没有能力哪有履行责任的办法？谢谢。

杨宏浩：谢谢金总。一大一小总结得非常经典。在大的里面肯定包括孙中的住房业，华住已经是排名前十的酒店集团，短短不到十年时间发展这么快，大家都知道你们，但是你要讲一些比较新的，现在有一些什么样的产品，有一些什么样的新的品牌能否跟大家简单分享？

孙武：说之前真的非常希望有机会来表达一下，为中国旅游研究院一定要点个赞。之前跟戴院长讲，当时组建这个的时候真没有想到，确实孤陋寡闻，搭建的这样一个好的平台，真的做得风生水起，向你们学习。说到华住，有一些熟悉，有一些未必很熟悉，我们是专注于做酒店业也可以说是住宿业。华住 2005 年才成立，到现在用 13 年的时间，目前形成差不多 4000 多加酒店，有包括了我们可能有一些比较熟悉的，像汉庭、全季、桔子水晶等一系列，20 多个品牌，同时还有跟雅高换股之后，我们跟雅高交叉持股，把这个宜必思、美爵等开发运营，30 多年形成了 20 多个品牌序列，40000 多家酒店。在规模来讲，在全球酒店业大概排第九名，市值因为是在纳斯达克上市，市值现在在全球大概排第五，和洲际基本上是忽上忽下。每年在我们这个体系里面大概是一个多亿的人次，华住之所以这十几年发展得比较快，一个就是我们创始人季琦也是携程四君子之一，创立了途家，又创立的汉庭，又创立了华住。华住有一个非常强大的 IT 科技体系，公司成立到现在大概在 IT 科研上的投入十几个亿，形成了一个，不光是在给自己，我们是给米高梅等提供服务，用系统改变行业，改变了我们整个 SOP 的流程，目前阶段做 ERP 的阶段。

另外通过我们的一个多万会员，以全季为例我们大概所有 5000 多家酒店平均入住率在 90%，会员贡献率达到 70%~80%，形成一个闭环，我们大概有 3000 多个加盟商，实际上我们的业主是通过我们搭建的平台，为他们来创造效益，去挣钱。我在酒店干了接近 30 年，纯粹讲情怀还是不够的，是要挣钱。我们每年新签 1000 多家店，新开 800 多家店。

杨宏浩：有一个数据我印象很深刻，你说每一年投入到科技研发有十多个亿，占你这个收入比重还是很高的。

孙武：应该说也还好，因为我们收入还是可以的。

杨宏浩：哈啰出行的梅总，哈啰是一个什么企业向我们介绍一下。

韩梅：谢谢。哈啰第一个进入二三线城市的共享单车平台，农村包围城市，目前经营的城市有三百多个，投入运营总的车辆数在一千多万，我们也是行业第一个全国免押金共享单车品牌，估计在座很多朋友都是我们的用户，还有我们这个骑行体验也是最好的。在这个行业里面也是唯一一个实现收支平衡的企业。哈啰得到用户的厚爱，目前每天订单规模两千多万，用户是超过了两个亿，这是我们在单车领域的成绩。今年的年中，哈啰品牌成绩，除了两轮车的出行是中国 N0.1 之外，我们有四轮车，还有打车业务，还有很重要的一块业务，是景区业务。今天非常荣幸受邀来到这里，我们也是非常希望把哈啰的城市一些优势资源以及平台优势资源可以看怎么样赋能。

杨宏浩：谢谢韩总，已经从共享单车往前面延伸了很多其他产品。我也知道，你们后面背靠大树蚂蚁金服，这么有底气。下面是丰盛控股的郭总，丰盛也是一家非常大的企业，但是非常低调，丰盛控股是在香港的上市公司，市值也是蛮高的。你介绍一下你们这个丰盛控股目前做的一些事情。

郭冬东：我是丰盛控股的副总裁，负责旅游的业务，我是郭冬东。丰盛是在香港上市的一个公司，也是富石、摩根士丹利中国成分指数股，我们主要努力想做全球健康生活的一个引领者，我们丰盛控股在香港上市净资产 300 亿的体量，直接间接和参股的途牛和驴妈妈，整个丰盛股里面有几个板块，有绿色的地产，绿色能源，也有我们的投资金融板块，还有我们的教育板块。另外，也包括我们的健康医疗板块，当然现在非常重要的也是最重要的，就是整个在丰盛控股这里面，我们会把旅游放到我们最核心的板块上。我们投资了一系列的旅游的公司和资源，希望可以在这些方面真正地在旅游行业做一番事业。我们注意到，中国的旅游如果我们形容起来，一个词，两个字：高大。大，是6万亿的规模，今年2018年达到6亿，这又是国民经济支柱型产业，前面还加了一个定语：战略性的。高，是年增长率，今年可能预期到15.6%，这样一个增长率是GDP一倍以上，在这样一个绿色经济快速发展的时候，旅游是一个最好的行业。丰盛在过去这些年，像刚才姚所长讲的，我们低调投资了不少的资源和企业，我们现在希望在这些方面能够开始对中国的旅游业的健康发展贡献一份力量。

杨宏浩：谢谢郭总。你们是现在开始真正进入这个旅游行业，看得出来，你刚刚对旅游行业的评价也是非常的高。看到了这里面的机会。等一会儿我们再来谈更深的问题。斯维登我想很多朋友都不太熟悉，但是途家听起来如雷贯耳，途家跟斯维登是什么关系，斯维登主要是做什么业务？

胡隽：各位朋友大家下午好，很高兴有机会跟大家分享斯维登主要经营业务。途家是共享住宿领域的平台，斯维登是英文斯维登房子的音译，途家是旅行中的家。2011年创立的时候，当时考虑在整个非标准酒店住宿这样一个行业领域没有行业的标准，我们也大胆创立了斯维登这样一个品牌，通过品牌建立了一整套分享住宿的IT，包括SOP流程，初步确立了连锁化、规模化的发展。目前在斯维登旗下管理有4万间，包括200个目的地。

今年4月斯维登和途家正式分拆，作为独立两家公司分别经营，途家是作为一个非标住宿的交易平台，斯维登作为目前亚洲最大的异地不动产的经营管理企业，我们秉承着不动产增值，同时为新一代消费者提供住宿化的产品，这是目前斯维登主要从事的行业。

杨宏浩：谢谢胡总，你们在非标行业里面一个龙头型的。胡隽专门从途家出来，现在是斯维登的董事长。我到金总的公司去过两次，你们的办公室确实是园林式的办公环境，你们以前是做园林的，现在慢慢转变以旅游为主力的企业，否则不会申报旅游集团20强。进入旅游这个行业中有没有发现成长中的烦恼问题，你们又是如何面对的？

金健：刚才我说了，挣钱比较慢。在旅游这个行业的好处是不差钱，现金流很好。因为它创造了就业，可持续，所以相关的金融这些方面支持力度很大。

只要找到了一个好的破题方案，跟社会提供了需要的价值服务有好的受益模式，其实这个行业非常朝阳，我们公司把这个板块放到非常重的地位，一接手发现裂变式的发展，刚刚投了一些景区，发现景区门票要降价，意味着这个设计图纸要修改，要做这个业态改变。刚刚把这个景区酒店搞清楚，又发现全域旅行很重要，整个城市做旅游入口，做旅游交通，要做很多的商务模型，我们公司2000多个设计师，做了大量的设施建设，我们应对起来倒是很从容的。全域旅游做完之后发现缺细节，做了之后没有业态，没有业态发现这个细节又是一个机会，旅游得到社会各界的认可和支持，得到大量资金投放，但是从业者怎么样快速应对中国旅游裂变状态找到解决方案这是我们的状态。

我们公司有一个亚洲最大的绿植墙，如果卖票估计很多人愿意进来，所有参观我们园区都要到哪里照相，人的需求挺有意思，只要给他一个他希望看到然后没有见过的东西他就愿意过来体验，这种机会无处不在，看怎么样把握。

杨宏浩：如果卖门票就有很多人学习，像景区式的办公室。楼顶还有一个小公园。

金健：一个特别大的旋转梯，都是很酷炫。

杨宏浩：我们这个行业机会非常多，变化长大，你们就进来了。对你们成功影响非常大的成果？

金健：成果谈不上，刚刚开始做，体量还是可以。看受众需要什么及时解决，解决了这个商业模型要合理，这是所有做旅游人要思考的。前两天很多人做民宿，他不去考虑商务模型，商务模型是根本才可持续，为什么华住赚钱，商务模型解决了。这是我们思考的。做旅游很多人是文化人，相对反应慢一些，这一块如果核心解决了之后，这个行业才能可持续发展。

杨宏浩：孙总早上参加了这个企业家座谈会，在两分钟里面分享了不少观点，我没有时间充分展现，你能否在这个地方把你的观点跟我们分享一下，我们也来学习学习。

孙武：不敢，我做酒店行业入门接近30年的时间，每一年我们开一些论坛都会说共同的话题，就是如何发展、怎么样解决一些盈利难、人工智能成本增加，每年基本上都在反复谈一些话题。包括原来是在中国旅游集团，原来的港中旅我们也是重资产投入，也在想一些问题。到了华住，因为是快3年的时间，其实也是对行业有一些思考，回来过程来说，今天早上我提到了，实际上围绕着雒部长怎么样进行供给侧改革，我所说酒店业是旅游业的一部分，怎么样实现供给侧改革，其实大量存量资产效益低下。我们现在国家旅游局新评委认定五星级酒店接近九百个，四星级接近 2360 个左右，三星级大概 5800 个，如果说按照没评星再乘 2.3~3%，大量的酒店实际上都是运行效率低下，干酒店都知道，一说酒店，很多地产商当时那样投，砸在手里面都是另外一回事情。觉得酒店投资回报很慢，甚至赔钱。

杨宏浩：你们怎么样解决？

孙武：我们模式不一样，我们不建、不盖，主要是租赁，通过租赁的方式，不光是我们，或者是我们的合作伙伴租赁下来再经营，同时我们再投入。为什么我们租赁下来之后还可以投入进去还可以挣钱？早上我提到了，科技平台这是一个基础，IT 平台是一个基础。这段时间广泛接触很多的开发商，一年做个 Mall，上亿人在这儿，客人一个亿进来，一个亿出去，没有任何的客户资源、资料、标签，就重复的，没有通过 IT 的手段继续把它黏结在一起，非常浪费，酒店也是如此，其实是孤岛。你看一个酒店集团，万豪、洲际酒店每一个酒店投入下去，每一个系统相互割裂，什么叫作集团，这叫集而不团，小舢板拼不成航空母舰，只有把这个 IT 平台做一个大的连接，做一个基础才有可能。不是站在我们公司角度，而是这个行业，旅行社也好，景区也好，酒店也好，IT 平台是一个基础。

为什么提到文化？早上就提到了科技手段提高酒店效率和效益，另外就是文化的一个植入。我们说文化有时候说得很大，但实际上早上我跟雒部长汇报，中国酒店绝大部分还是拷贝几十年前外资品牌的路数，很多年前星级标准的“毒害”，必须要这样等等，建设了很多低效以及无效的，浪费很多面积，无谓的投资，客人真正需要的是什么？一定是另外一个方面。

审美的角度来说，我们现在看到了还都是大理石、四梁八柱、水晶灯，应该鼓励带有中国文化痕迹，带有中国文化特点，而且吴晓波《十年谈》里面有一句话我特别喜欢，未来十年一定是中国的东方审美占据上风的时代，就是你怎么样把东方的审美、东方的文化和东方的那种自信植入到这里，让我觉得这个才能够有生命力，不然就是拷贝、拷贝，一直拷贝，拷贝是人家几十年前的东西而已。

杨宏浩：您对我们东方文化运用于酒店应该是非常有自信心。

孙武：老百姓喜欢什么，原来自己家里面装修最好是什么，罗马柱，家里装修跟人家老外餐厅式的感觉。现在谁家里还弄成这样你就觉得土了，肯定有一些调性，有中式的感觉，但不一定是中式“难受”的感觉，一定是东方人温良恭俭让，简约而不简单。

杨宏浩：您所说的非常重要，一个是文化，还有一个科技，对我们住宿行业推动作用都是非常重要的。您是做我们基本上都是所说的酒店，斯维登是我们现在所说的非标，非酒店。

胡隽：非酒店标准的住宿。

杨宏浩：您做非标的过程中，有没有像孙总一样总结出来经验性的东西，有一些什么样关键性的东西，使得把这个非标住宿做得更好，有没有这样一些经验可以和大家分享的东西。

胡隽：还是强调一下，非标住宿是行业对我们的一种启示。本身酒店行业的是一个非常大的行业，但去年年底的时候，整个行业的话我们改革大住宿行业，非标也纳入进来。现阶段，我个人认为在过去几年整个非酒店住宿可以快速发展，跟整个消费升级，包括人民群众追求美好生活的向往有关。刚才讲到文化就已经上升到国家战略，老百姓来说也非常实际，钱包鼓了，消费以及审美情趣提升之后，对于酒店提供的单一化的这些产品需求，是非常多样化。过去几年发展的过程中，从数据上来看发展非常迅速。今年 11 月，国家信息中心公布的一个数据，在 2017 年非酒店住宿占到整个大住宿的占比是达到了 7.4%，而在过去的两年里面，整个非酒店住宿的成长率每年达到了 65%，而传统住宿只有 4.8% 的增长，这更好地说明了这个市场的需求。

我们本身做的是闲置资产的再利用，同时通过 IT、移动互联网的手段，让供方和需方快速接触。实际上通过弹性供给方式，更加地高效来配置资源。在我们整个发展过程中，因为我们是互联网公司出身，所以也有非常强的互联网基因。对于斯维登来说，对于住宿标准的这样一个制定的过程中，有效地结合了目前的产品的多元化，分散性的这样一个特点，通过 IT 的手段和 IT 的系统，能够把我们的产品在网上有效地连接起来，同时通过售前包括售中的技术手段以及物联网的技术，能够让我们的消费者体验到安全、舒适、有保障的供应。我想，现阶段应该说非标住宿在斯维登这样一个引领下，已经逐渐地实现了这样一个规模化，也快速地在实现品牌化和连锁化，这是我想对于目前非标住宿的一个基本看法。

杨宏浩：刚刚所说行业的情况，斯维登目前规模以及增速是什么情况？

胡隽：斯维登目前在品牌下管理的房间数已经达到了四万间，按照连锁酒店目前这样一个基本的数据，100 间房一家酒店的话，将近四百家这样一个中档酒店住宿的项目。现阶段，还在今年 5 月正式对外推出了这样一个加盟，加盟能够让更多的，包括我们的开发商、自持的物业以及我们更多的从业者共享斯维登的系统、品牌和标准，可以快速地为市场提供更多的多元化的住宿产品。

杨宏浩：我知道途家是线上，斯维登专注线下，从整个集团来说就是一种 O2O 的模式？

胡隽：应该说目前我们把两家公司正式拆分为独立的公司，创始人罗军作为途家的创始人兼 CEO，同时现在兼斯维登集团的董事长，现阶段不能叫 O2O 的概念，在互联网交易方面途家作为全世界也是排名靠前的公司，斯维登作为亚洲排名第一的非标住宿企业。

杨宏浩：你始终在说互联网 IT，线下一家公司非常注重互联网和 IT，具有互联网基因的公司。哈啰也是通过IT技术做共享出行，现在开始进入旅游景区，现在做到什么程度？下一步有什么打算？

韩美：我本人是互联网行业的十几年老兵，穿越了三个时代，互联网 PC 时代黄金十年、移动时代、智能时代万物互联，哈啰是智能时代的出行新势力。怎么讲？它结合物联网技术和移动互联网技术，同时有非常强大的大数据应用能力。

为什么要进入景区旅游？大数据分析发现，平台每年两千多万的用户里面接近 20% 的用户是旅游出行，而且这个数据还在不断增长，这个数据是非常庞大的，让我们看到这个行业的机会。虽然在嘉宾里面我们哈啰进入行业最短，也是最年轻的公司，我们也是非常看好这个行业。在行业里面目前合作的景区有三百多个，合作模式三块。帮景区提升二次消费的收入，进行智能升级。通过帮景区做曝光引流，可以把景区最需要的用户及时带到景区，同时把用户留住，并且拉动他的二次消费，帮助景区提升收入。目前跟景区的合作这一块做得比较好。后面我们也有计划，比如大数据是不是可以提升文旅消费？基于大数据的分析给文旅一些艺术家或者文旅创业团队提供更好更精确的定向需求输出。哈啰平台有很多资源，我们有非常丰富的平台数据资源还有很强的软硬件交互技术，还有物联网技术，在这块也可以更多地去给景区赋能。这是目前在探索中，并且看到机遇比较大的，发挥的空间比较大。

杨宏浩：这个模式听起来比较先进，AI 你有，物联网有，大数据也有，现在还介入到旅游行业，相信对我们旅游行业的影响确实将来会非常大。

韩美：大家一起合作共赢，我们先帮景区创造价值，最后我们肯定不会吃亏，肯定是可以更好。

杨宏浩：丰盛现在也跟互联网跟IT技术密切相关，原来拥有非常多的资源，最近你们想做的一块是旅游供应链方面的事情，能否把这块正在做的给我们介绍一下？

郭冬东：刚才我们对整个中国旅游的看法用一个词“高大”，另外还应该有一个词来形容它“矛盾”。刚才东方园林的老总谈到其实旅游业不差钱，我们实际上和很多从业人员沟通下来，旅游业有三个痛点。第一，中国六万亿旅游行业的收入，实际上做大做强的极少，国旅集团包括携程这是两个千亿规模的，但是在美国 Priceline，今年改名 BookingHoldings，市值高的时候是千亿美元，最高的市值达到两千美金一股。这样看来中国很多旅游企业做强还没有，太小、分散。在资金方面比较缺乏，整个旅游行业没有跟金融融合，没有特别多的有形资产，尤其旅行社很难贷款，很难去融资。还有一个，整个行业的盈利状况相对来说比较差。

为什么丰盛介入到旅游供应链？我们注意到一个机会，旅游行业之外我们看到中国有几个比较好的上市公司，怡亚通、飞马国际，都是八百亿、上千亿的销售收入。整个旅游行业我们为什么没有看到？旅游供应链真是辛苦、脏活儿、累活儿，而且需要一定的资本进行融通。丰盛在过去几年累计起来一直做了不少的资源积累。丰盛在过去这几年积累的一些资源，国内的酒店有五季精灵酒店，超步街 18 号，还有城市综合体 ShoppingMall，有雨花客厅、红叶城，中国 1912 有五家，南京 1912、扬州 1912，这些都是丰盛的资源，还有佛教中国牛首山大石湖景区，也有国家级湿地公园，也建设了三个生态城镇。除此之外投资中国比较好的松赞藏地文化酒店，这一系列酒店为中国在世界上赢得了很多的口碑，让我们感受心灵的美好。这是国内的一些资源。还有海外的资源。

金融方面的资源，丰盛从绿色建筑起来，后来做投资，也做跟金融的融合，我们和一系列银行和金融机构有战略合作关系。现在努力搭建旅游金融平台，可以通过在线交易信息和数据能够给中小企业赋能，能够根据交易的金额做在线的贷款，并且也可以帮助中小型企业代替他们做采购或者帮他们集中做采购的资源。我们把下面的一些资源需求集合到一起，在上游的旅游资源进行采购以后，这样就会实现需求和供应端有效地结合，能够帮助解决刚才讲的旅行社包括 OTA 在资金方面的需求，还有提升盈利的需求。

杨宏浩： 谢谢郭总。你的资源很丰富，但是可能最核心的资源还是你的金融资源。酒店或者景区完全可以通过网络来进行整合，不一定非要自己投资自己开发。

郭冬东： 我们在澳洲有非常多的资源，新加坡、马来西亚有很多资源，但是最重要的能够通过建立的B2B交易平台让专业的人做专业的事，比如一直讲的术业有专攻，OTA也好，旅行社也好，最重要的应该满足消费者的需求，做体验经济，满足这些需求。丰盛为代表的B2B供应链企业最主要服务好它们，从资金、资源方面融通服务好它们。

杨宏浩： 胡总，刚才几位老总讲到行业的痛点，针对这个痛点怎么解决问题。不管非标住宿还是非酒店住宿你们有什么痛点，你们如何解决的？

胡隽： 今天讨论旅游的问题，不是讨论非标住宿。斯维登作为横跨旅游和住宿多元化的集团，我们在旅游领域也有很多布局，我们有一家途远公司，和长沙远大做的装配式住宅的公司，目前主要解决乡村旅游的住宿供应商解决方案。在四川成都新津刚刚做了农博园用了装配式的别墅做了共享农庄，通过共享农庄这样一个方式能够帮助当地的村民一起来做一个去中心化的管理模式，通过共享农庄去输出我们华住的品牌包括管理的标准，帮助周边的农家乐以及民宿能够解决从checkin到布草洗涤等相应的服务，通过闭环产业链同时带动乡村旅游以及乡村的产业结构调整。这也是我们对外输出的GBC模式。

杨宏浩： 时间关系，我们每位嘉宾用一句话来做一个总结也好，一句寄语也好。

金健： 希望大家在新的一年能够找到自己准确的定位，能够找到自己好的模式，把我们这个行业推到世界级的水平。

孙武： 今天的主题没谈到多元利益的协调，怎么做到多元利益的协调？企业不盈利，公司不发展，不能给客户创造价值，不能让员工的收益随着企业而增长，怎么能够多元利益协调？换句话说，就是要快速地发展，企业不是来讲故事的，企业是来盈利的，试着给多方创造盈利机会，从酒店来讲给业主创造价值挣钱，在我们这种体系连全季的客房服务员一个月收入七千元，五星级酒店客房服务员拿三四千，还让他讲社会责任感，还要让他这个那个，今天说床单不干净了纯粹怪服务员，不可能有多方利益协调。如果想干酒店的，我们可以帮助你们一起来挣钱。

杨宏浩： 其实每个人都间接谈到这个问题，韩总帮助整个行业解决旅游者最后一公里的问题，孙总解决体验的问题，也涉及景区、游客、各个方面，郭总讲到供应链问题，解决供应链相关利益主体的痛点，都暗含了这个话题。

韩美：我坐在这里非常切合主题，我们很不一样，各位老总都是行业非常资深而且很多年耕耘，我们时间很短，完全不是这个行业里面的人。我们愿意开放我们的技术和资源，成为大家赚钱和提高收入的工具，你们赚钱的同时最后不要忘了给我们一点小钱就行，这是我们的定位。

郭冬东：我们希望能够做到的是增值，包括旗下的丰盛榜，为传统的像旅游产品提供旅游商品，比如折叠电水壶这一类产品，将整个旅游的内涵扩开了。在旅游产业 + 互联网 + 金融大的格局下面，让我们的旅行社或者 OTA 去快乐地面对消费者，服务好他们，把体验做好，把辛苦的工作脏活儿、累活儿交给我们丰盛控股来做，我们是背后的企业在中台和后台服务好前台的 OTA 和旅行社，让我们整个的行业消费者和前台的服务企业能够笑到最后。我回应一下哈啰，让我们赚一点小钱就可以了。

胡隽：在旅游和文化融合的大背景下，斯维登集团愿意与在座的各位一起共享资源，快速推动住宿领域更多的多元化产品提供给市场。谢谢大家！

杨宏浩：谢谢！我们这几位企业集团非常多元，但是我们谈的问题还是非常真诚也非常精彩，对行业也非常具有启发意义，有价值。祝愿在座各位的企业未来都能够茁壮成长，另外感谢在座的各位嘉宾对我们研究院的支持，希望明年的这个时候大家再相聚。

谢谢大家！

2018年中国旅游集团20强名单

12月10日，由中国旅游研究院（文化和旅游部数据中心）与中国旅游协会联合举办的2018年旅游集团发展论坛在北京举行。论坛发布了《2018年中国旅游集团发展报告》，公布了“2018年中国旅游集团20强名单”。

自2009年开始，中国旅游研究院与中国旅游协会联合发起中国旅游集团调查并排名，迄今已连续开展10年。本年度中国旅游集团20强评选，根据企业申报、诚信背书的原则，共上报30余家旅游集团数据，根据营业收入这一单项指标，共有25家企业入围，其中部分企业规模相当，并列入选，统称中国旅游集团20强。

2018年中国旅游集团20强名单为：中国旅游集团有限公司、华侨城集团有限公司、北京首都旅游集团有限责任公司、美团点评集团、北京东方园林环境股份有限公司、众信旅游集团股份有限公司、凯撒同盛旅行社（集团）有限公司、大连海昌集团有限公司、锦江国际（集团）有限公司、携程旅游集团、景域国际旅游运营集团、上海春秋国际旅行社（集团）有限公司、华住集团、同程旅游集团、浙江省旅游集团有限责任公司、杭州市商贸旅游集团有限公司、开元旅业集团有限公司、祥源控股集团有限责任公司、安徽省旅游集团有限责任公司、黄山旅游集团有限公司、福建省旅游发展集团有限公司、山东银座旅游集团有限公司、湖北省文化旅游投资集团有限公司、广州岭南国际企业集团有限公司、腾邦集团有限公司。

20强集团排名不分先后，具体按先中央后地方的原则排列。中央企业按国资委对央企排序进行排列；地方企业根据注册地，按国家统计局公布统计数据时地方先后顺序排列，同一省市按照先国有后民营，国有或民营中按照营业收入规模排列。美团点评集团、北京东方园林环境股份有限公司、华住集团、浙江省旅游集团有限责任公司、祥源控股集团有限责任公司、湖北省文化旅游投资集团有限公司为首次入选。从入选企业的地域来看，北京、上海、浙江、广东等旅游业较发达的省市入选企业较多。

后记

旅游集团发展论坛是经文化和旅游部批准，由中国旅游研究院（文化和旅游部数据中心）和中国旅游协会联合发起，共同主办的年度品牌会议。自 2009 年开始，论坛以关注热点、引领方向、推动旅游集团做大做强为宗旨，通过主旨讲话、主题演讲、圆桌论坛等形式邀请政府官员、业界领袖和权威专家分享旅游业和集团发展的新思想、新技术、新内容。旅游集团发展论坛每年发布旅游集团 20 强调查结果和《中国旅游集团发展报告》。

2018 年 12 月 10 日，中国旅游研究院和中国旅游协会在北京联合主办了 2018 旅游集团发展论坛。与会企业家代表深入学习贯彻习近平总书记关于旅游发展系列重要论述的理论内涵和时代价值，重点研究了文化和旅游融合发展背景下的企业社会责任和创新战略。文化和旅游部党组书记、部长雒树刚出席论坛并发表主旨讲话。

来自中央和地方旅游集团、旅游企业、研发机构的领导人、文化和旅游系统的代表近 500 人参加了本届论坛。段强、杜江、姚军、陈妙林、庹祖海、张竹筠、陆晓亮、陈礼明、席伟航、王煜、陈丽霜、陈小兵、郭庆、王旭光、洪清华、刘明胜、金健、孙武、陈雪明等企业家代表分别参加了企业家座谈会，并做了大会交流发言。

论坛发布了《中国旅游集团发展报告》，对大众旅游、全域旅游、品质旅游、文化和旅游融合发展的时代特征和企业社会责任做了系统研判，并向全行业发出倡议：坚持产业报国的理想，始终与国家旅游发展战略相向而行；坚持发展为民的情怀，始终把游客满意和品质获得感放在首位；坚持创新为要，持续提升市场主体活力和产业发展质量；坚持以人为本，始终把社区参与和一线员工作为企业成长的第一动力；坚持党对旅游的领导，紧紧依靠各级党委、政府，自觉肩负文化和旅游融合发展的时代使命。

论坛还发布了旅游集团二十强名单。

本书的内容包括论坛的领导发言、研究报告、主题发言、圆桌实录和旅游集团二十强名单等。本书主编为戴斌，执行主编为李仲广，执行副主编为杨宏浩、李隆辉。吴丽云执行研究报告部分写作。

责任编辑：郭珍宏

图书在版编目（CIP）数据

中国旅游集团发展报告．2018 ：社会责任 ：文旅融合时代的担当与作为 / 中国旅游研究院编著．-- 北京 ：旅游教育出版社，2019.9

ISBN 978-7-5637-4024-6

Ⅰ．①中… Ⅱ．①中… Ⅲ．①旅游业发展－研究报告－中国－2018 Ⅳ．①F592.3

中国版本图书馆CIP数据核字(2019)第209038号

中国旅游集团发展报告 2018

——社会责任：文旅融合时代的担当与作为

中国旅游研究院　编著

出版单位	旅游教育出版社
地　　址	北京市朝阳区定福庄南里 1 号
邮　　编	100024
发行电话	（010）65778403　65728372　65767462（传真）
本社网址	www.tepcb.com
E - mail	tepfx@163.com
排版单位	北京旅教文化传播有限公司
印刷单位	北京中科印刷有限公司
经销单位	新华书店
开　　本	787 毫米 ×1092 毫米　1/16
印　　张	9.5
字　　数	130 千字
版　　次	2019 年 9 月第 1 版
印　　次	2019 年 9 月第 1 次印刷
定　　价	58.00 元

（图书如有装订差错请与发行部联系）